MARIE BRUNNER

HAT HIER MAL JEMAND EINEN

Muss-

KNACKER?

**Warum du
erst mal
gar nichts**
Musst

INHALT

VORWORT
EINE BEDIENUNGSANLEITUNG FÜR DICH SELBST

Du musst schön sein! Du sollst nicht laut sein! Du musst fleißig sein! Aber du darfst nicht verbissen wirken! Du musst hilfsbereit sein! Und sei bloß nicht zickig! Hab doch mal ein bisschen Humor! Aber sei nicht zu ausgelassen! Sei nett! Nimm dich zurück! Sei effizient! Hab dich nicht so! Sei immer gepflegt! Sei belastbar! Sei gut gelaunt! Sei glücklich!

Wir Frauen sind umstellt von Erwartungen. Wir sollen unseren Müttern und Schwiegermüttern gefallen, unseren Chefs und sowieso allen Männern. Wir stehen in Konkurrenz zu anderen Frauen und stecken in Strukturen fest, die Frauen seit Jahrhunderten einschränken. Und manchmal machen wir uns ohne Not selbst das Leben schwer.

Was dabei herauskommt, ist ein giftiger Cocktail aus echten und vermeintlichen Zwängen. Anne, meine Ich-Erzählerin, ringt täglich mit diesen hundert Spielarten von »Du musst!«. Und muss gelegentlich über sich selbst lachen. Das verbindet sie mit ihrer feministischen, manchmal arg radikalen »Die-Männer-sind-schuld«-Freundin Simone und der in einer konventionellen Zwei-Kinder-Ehe lebenden »Ich-halte-meinem-Mann-den-Rücken-frei«-Maja, mit denen sie die großen Fragen des Frauseins diskutiert: Für wen machen wir uns eigentlich schön? Was hindert uns daran, uns ganz entspannt zu nehmen, was uns zusteht? Und ist es okay, dabei die »Waffen einer Frau« einzusetzen oder nicht?

Anne hat an einer Fachhochschule Ingenieurwesen studiert, lebt in einer mittelgroßen deutschen Stadt und arbeitet – »Ich bin eine gute Nummer zwei« – als Assistentin des Abteilungsleiters in einer Fabrik für Küchengeräte. Oft stammen entscheidende Ideen von ihr; zudem löst sie die zwischenmenschlichen Probleme, die ihr Chef produziert, ohne es auch nur zu merken.

In den Diskussionen mit den Freundinnen neigt Anne mal zu Maja, mal zu Simone. Wenn sie über ihre Rolle als Frau nachdenkt, kommt sie selten zu einem abschließenden Ergebnis. Geht es wirklich immer noch um dieselben Dinge wie vor 30 Jahren? Ihr Partner Jens meint dazu: »Das ist wie der ewige Konflikt zwischen Schulmedizin und Naturheilkunde. Seit Jahrzehnten dasselbe, ohne Lösung.« Solche Kommentare bringen Anne auf die Palme. Jens hört selten richtig zu, kapiert nicht, was das Problem sein soll, und hat leider trotzdem manchmal recht. Dann ist sie neidisch auf seine Unkompliziertheit. Kann man sich als Mann eben leisten, denkt sie. Und wieso nicht sie selbst?

Dieses Buch soll dir zeigen: Du bist nicht allein mit deinen Grübeleien. Und: Du bist okay, so wie du bist. Du musst nicht dauernd toll sein, lächeln, schön sein. Also leb so, wie es dir guttut – und nicht, wie andere es von dir erwarten. Dann bietet das Leben überraschende Entwicklungen – wie auch das von Anne, Simone und Maja im Verlauf des Buchs.

Übrigens habe ich die Fragen, die die drei Frauen sich stellen, und die Konflikte mit den Männern absichtlich zugespitzt – bis hin zum Klischee. In manchem wirst du dich vielleicht selbstwiedererkennen, anderes erinnert dich vielleicht eher an eine Freundin oder Kollegin.

Vielleicht wirst du auch dauernd den Kopf schütteln und dich fragen, in welchem Jahrhundert diese Anne eigentlich lebt – weil ganz verschiedene Lebensweisen eben nebeneinander und gleichzeitig existieren. Wenn du so eine »Kopfschüttlerin« bist, brauchst du dieses Buch eigentlich gar nicht. Aber vielleicht macht es dir ja trotzdem Spaß. Hoffentlich.

Am Anfang jedes Kapitels steht das »MUSS«, um das es geht – und am Ende dann ein paar Tipps zum Knacken dieses MUSS. Wenn du also magst, kommt hier eine fröhliche Portion Entlastung für dich und alle anderen Frauen. Denn gestresst sind wir eh schon genug.

Marie Brunner im Herbst 2023

DAS UNTERHOSENDING
ICH MUSS ... IMMER TADELLOS GEKLEIDET SEIN

Mist! Es klingelt und ich hab die Wäsche noch nicht abgenommen! Mit roten Hektikflecken im Gesicht öffne ich die Tür. Simone sieht mich erstaunt an: »Was ist denn mit dir los? Ich dachte, du hast deinen freien Tag heute. Hast du gerade Stress?« Mal wieder fühle ich mich ganz klein ihr gegenüber. Ich zucke die Achseln: »Na ja, wenn ich entspannen kann, mach ich eben nicht alles so effizient wie sonst. Deswegen war ich gerade kurz überrascht, dass es schon fünf ist. Ist aber kein Problem. Komm rein. Tee ist fertig.«

Simone knallt ihren Motorradhelm auf den Flurschrank und marschiert direkt in die Küche. »Ein Bier wär mir lieber. Ist heiß heute.« Sie nimmt sich die letzte Flasche aus dem Kühlschrank – und ich lege schnell und möglichst unauffällig zwei neue rein. Hoffentlich sind die schon kalt, wenn Jens kommt, denke ich. Und hoffentlich merkt Simone nicht, dass ich mich um die Temperatur seines Biers sorge. Und hoffentlich trinkt sie die beiden Flaschen nicht auch noch aus, bevor er da ist. Es sind die letzten.

Dann klingelt es erneut. Maja steht strahlend vor der Tür – mit einem frisch gebackenen Kuchen. Wie immer sieht sie in ihrer bunten Bluse aus wie aus dem Ei gepellt, obwohl sie vormittags gearbeitet und sich ab mittags um ihre beiden Schulkinder gekümmert hat. Wie sie das macht, ist mir schleierhaft. Ich krieg oft nicht mal das Mittagessen nur für mich allein geregelt.

Im Flur wirft Maja einen skeptischen Blick auf Simones Helm: »Ich könnte so ein Ding ja nie tragen. Der ruiniert mir doch die ganze Frisur.« Ich glaube, sie meint es halb ironisch und halb ernst. Könnte also von mir sein, der Satz. Aber Simone lässt ihn ihr natürlich nicht durchgehen: »Und für wen müssen deine Haare noch mal schön sein, Süße?« Maja bekommt kurz ihren schnippischen Gesichtsausdruck: »Für mich selber!« Und fügt dann trotzig hinzu: »Aber ich mag es auch, wenn mein Mann mich schön findet. Mag ja altmodisch sein, aber ich fühl mich dann gut. Ist ja meine freie Entscheidung.« Simone sieht mich mit einem wissenden Blick an und hofft auf mein komplizenhaftes Zwinkern, doch ich fühle mich mal wieder zwischen Baum und Borke. Ich verstehe beide; wenn mich jetzt jemand zwingen wollte, zu entscheiden, wer recht hat, würde ich mich wohl einfach verpissen. So versorge ich Maja erst mal mit ihrem Cappuccino und wuchte dann den Wäschekorb auf den Esstisch, während ich sage: »Setzt euch schon mal. Ich muss nur kurz die Wäsche ...«

Als ich nach zwei Minuten hochschaue, weil es auf der Couch merkwürdig still ist, sehe ich in zwei entgeisterte Gesichter. »Hä? Was ist denn los?«

Maja antwortet zuerst: »Also, Wäsche zusammenlegen, wenn Leute da sind ... macht man das eigentlich? Also, mein Mann ...« Simone haut dazwischen: »Nee, jetzt mal nicht dein Mann. Heute ist Frauenrunde. Mich stört es auch nicht groß, dass sie jetzt ein paar Sachen zusammenlegt, aber wieso, verdammt, faltest du deine *Unterhosen?* Und dazu noch so akribisch?! Und welche sortierst du da eigentlich aus?«

Die Frage nach dem Falten trifft mich unvorbereitet, darüber habe ich noch nie nachgedacht. Hat meine Mutter so gemacht, also mache ich es auch. Bei Maja scheint es ähnlich zu sein. Sie schwankt zwischen beleidigter Empörung über Simones harsche Unterbrechung und dem Grübeln über ihre Frage.

»Na ... wieso denn nicht ...?« stammle ich. »Die nicht mehr so schönen müssen weg.«

»Aber deine Unterhosen sieht doch nie jemand! Außer jemand, dem es in dem Moment völlig egal ist, ob sie noch fabrikneu und schön glatt sind.«

Maja und ich haken genau im selben Moment ein. »Moooo-ment!«, erklingt es im Chor. Und ich schiebe spontan nach: »Was ist mit dem Rettungssanitäter?« Simone guckt ehrlich ver-wirrt – ein seltener Anblick. Maja erklärt: »Na, wenn sie einen Unfall hat und der an ihre Buxe muss.« Simone versteht immer noch nicht. Ich frage: »Hat dir das deine Mutter etwa nie einge-schärft? Oder deine Oma? Dass du immer mit sauberer, frischer und gepflegter Unterwäsche rausgehen musst? Weil du ja einen Unfall haben und ins Krankenhaus kommen könntest?«

Simone guckt immer noch wie ein Auto. Allmählich dämmert mir, dass dieses Unterhosending vielleicht nicht so selbster-klärend ist, wie ich immer dachte. »Na, stell dir vor, du hattest einen Unfall mit deinem Motorrad, liegst im Krankenhaus und der Arzt muss dich ... na ja ... nackig machen untenrum, aus irgendeinem Grund.« Simone hat sich gefangen, und unser Ge-stammel beginnt ihr sichtlich Spaß zu machen. »Ja, und?« Maja springt mir eifrig bei: »Na, wenn du dann so einen ollen, knittri-gen Liebestöter anhast, fällt das doch auf dich zurück. Das ver-zeihst du dir doch nie! In den Augen des Mannes bist du dann doch für immer unten durch.« Simone schaut uns ungläubig an: »Ihr meint das echt ernst, oder? Ihr glaubt wirklich, dass sich ein Arzt in so einer Situation um den Zustand der Unterwäsche schert, ja? Wenn es um Leben und Tod geht?«

Maja wiegelt ab: »Na ja, es muss ja nicht gleich um Leben oder Tod gehen. Aber die Peinlichkeit, wenn ein Mann mich mit oller Unterhose sieht, will ich jedenfalls nicht erleben.«

Im Stillen denke ich, dass eine Frau das viel eher registrie-ren würde und ich mehr Angst davor hätte, dass eine Kran-kenschwester meine Wäsche beurteilt, aber das würde nur ein weiteres Fass aufmachen. Deshalb lege ich jetzt die Hälfte der Unterhosen einfach so neben die sorgsam gefalteten, packe auch die aussortierten »Alten« dazu und greife mir den Korb. »So, jetzt bringe ich die Wäsche raus und schneide Majas Kuchen an – und dann machen wir es uns gemütlich«, zitiere ich grinsend Loriots alten Weihnachtssketch. Während ich den Wäschekorb ins Schlafzimmer trage, fällt mir auf, dass ich nicht auf Anhieb erkenne, welche Slips ich für »zu alt« befunden habe und welche nicht. Na ja, ich habe eben nicht so einen geschärften Blick wie ein Chirurg.

Ach so: Kriegen Jungs eigentlich auch eingebläut, immer eine picobello Unterhose zu tragen? Nach meinen bescheidenen Erfahrungen: eher nicht.

KNACK DAS MUSS

Manche Dinge tun wir einfach, weil sie angeblich »getan werden müssen« und ohne darüber nachzudenken. Vielleicht ist sogar der unbewusste Glaube damit verbunden, dass wir nur dann eine »gute Tochter«, »verantwortungsvolle Mutter«, »tolle Partnerin« sind. Wir spüren aber ein kleines Unbehagen oder sind diffus genervt – oder sauer auf unseren Partner oder andere Menschen, ohne zu wissen, warum. Vielleicht ist jetzt der Moment da, ein gewohnheitsmäßiges Muss infrage zu stellen und kleine Veränderungen einzuleiten?

WIE RIECHT EIGENTLICH HAUSARBEIT?

ICH MUSS ... RÜCKSICHT NEHMEN

Während wir Majas köstlichen Apfelkuchen mit gerösteten Nüssen mampfen, hält diese plötzlich inne und schnuppert mit niedlichen Bewegungen ihres hochgereckten Näschens im Zimmer herum. Sie sieht dabei so süß aus wie ein knuffiges Nagetier, und ich könnte sie in diesem Moment abknutschen. Aber ihr Schnuppern verunsichert mich trotzdem. Ist in meiner Wohnung irgendwas, das riecht, und ich merke es nicht? Vergammelt irgendwo in der Wand ein totes Tier?

Maja fragt: »Sagt mal, merkt ihr was davon, dass Anne vorhin gebügelt hat hier drin?«

Simone und ich gucken etwas ratlos: »Äh, nee ...? Woran denn?«, fragt Simone. Maja schaut unsicher: »Keine Ahnung. Am Geruch irgendwie.« Ich nicke: »Ach so, klar. Ja, beim Bügeln riecht es immer irgendwie ... undefinierbar sauber. Stört dich das etwa?« Maja schüttelt den Kopf: »Mich nicht, aber ...«

»Sag jetzt nicht, Dirk stört es, wenn du Hausarbeit machst!«, platzt Simone heraus.

»Na ja, was heißt stören ...« Maja windet sich. »Er meinte neulich, es sei schon ein irgendwie penetranter Geruch im Zimmer, wenn da vorher gebügelt wurde. Und es sehe ja auch nicht so schön aus, wenn im Wohnzimmer die Hemden überall herumhängen zum Auslüften. Da solle es doch gemütlich sein.« Ich spüre, dass Simone die Fassung verliert: »Sag mal, in welchem Jahrhundert ist dein Mann erzogen worden, im neunzehnten?! Ich hoffe, du hast ihm ordentlich die Meinung gegeigt. Schließlich geht es um *seine* Hemden!«

Ich versuche zu beschwichtigen, aber zu spät: Maja hat

bereits Tränen in den Augen. »Du machst es dir immer schön leicht mit deinem Emanzengetue! Man kann doch ruhig auch mal Rücksicht nehmen. Ich jedenfalls habe das Problem gelöst, ich bügle jetzt einfach im Keller.«

Simone hat nun Schnappatmung. Und auch ich finde, dass da etwas nicht stimmt: Maja bügelt Dirks Hemden – und ihn stören der Anblick und der Geruch? Mir kommt der scherzhaft gemeinte Spruch unseres Freundes Jan in den Sinn. Wenn es in der Küche richtig hoch hergeht, sagt er manchmal: »Ich kann einfach nicht mitansehen, wie du dich abschuftest. Deshalb mach ich mal die Tür zu, ja?« (Natürlich hilft er dann doch mit, das soll fairerweise erwähnt werden.) Ich muss an eine Geschichte denken, die meine Mutter mir mal erzählt hat: Sie bekam vor der Hochzeit von ihrer Schwiegermutter den Rat, nicht zu staubsaugen, wenn der Mann zu Hause sei. Das störe ihn bei der Erholung von seiner anstrengenden Arbeit. Aber das war vor mindestens einer Generation. Geht es in Majas Ehe wirklich so traditionell zu? Und ist es tatsächlich unsere Aufgabe, unseren Partnern sämtliche Hausarbeit abzunehmen – und zwar so, dass sie es möglichst nicht mal merken? Habe ich nur Glück, weil Jens so selten Hemden trägt – und die dann in die Reinigung bringt?

Wie ist es eigentlich bei mir mit der Rücksicht? Übertreibe ich es auch? Jens hat ein sehr feines Gehör. Er meint, dass ich oft schnarche, und rüttelt mich dann ziemlich rabiat wach. Auch wenn er seine 90 Kilo mit Schwung im Bett herumdreht und dabei sein Kissen zurechtprügelt, reißt es mich immer aus dem Schlaf. Manchmal schmeißt es mich fast aus dem Bett. Mir hingegen ist sein Schlummer heilig. Wenn er selig vor sich hin schnorchelt, liege ich wach, höre zu und freue mich, dass er seine nötige Erholung bekommt. Ihn deswegen zu wecken würde mir nicht in den Sinn kommen – obwohl er das manchmal zu mir sagt, wenn ich morgens zerschlagen bin und ihm von seinen nächtlichen Baumsägearbeiten berichte: »Wieso stupst du mich denn nicht an? Ich schlaf schon wieder ein.«

Ich habe auch mein Essverhalten verändert aus Rücksicht auf Jens' feine Ohren. Ihn stört es, wenn ich Karotten oder Paprika kaue – »Du klingst wie ein Pferd«, sagt er manchmal, wenn er genervt ist. Sehr charmant. Also esse ich Rohkost jetzt immer außerhalb der gemeinsamen Mahlzeiten. Und weil ihn das Geräusch so störte, wenn ich mit dem metallenen Messer das fast leere Nutellaglas auskratzte, habe ich lange recherchiert und schließlich einen speziellen Gummischaber nur zu diesem Zweck beschafft. Hätte ich ihn nicht ausdrücklich darauf hingewiesen, hätte er es nicht mal bemerkt.

Wie sieht es eigentlich umgekehrt mit seiner Rücksicht aus? Mich stören schließlich auch Dinge an ihm – und das gebe ich auch manchmal zu erkennen. Dass er sich oft minutenlang kein Tempo holt, sondern die Nase hochzieht. Die furchtbare Musik, die er manchmal so laut hört, vor allem im Auto. Dass er so oft seine Finger im Gesicht oder sogar direkt in der Nase hat – sogar, wenn er mir gegenübersitzt und mit mir redet. Dass er Socken mit Löchern trägt. Aber nichts davon hat er verändert, seit wir zusammen sind. Er zuckt dann einfach die Schultern, wenn ich genervt bin, so nach dem Motto: »Tja, Pech, wenn dich das stört. Ich bin eben so.«

Simone schüttelt noch immer den Kopf, aber sie versucht erkennbar, sich zusammenzureißen, als sie Maja die Hand auf den Arm legt und meint: »Entschuldige, dass ich so aus der Haut gefahren bin. Das ging nicht gegen dich, sondern gegen so traditionelle Rollenmuster. Ich finde einfach, es sollte bei der Hausarbeit eine faire Arbeitsteilung geben. Wenn es die gibt, kann sich auch niemand gestört fühlen. Oder habt ihr es etwa im Job schon mal erlebt, dass jemand sich beschwert, wenn ein anderer eine lästige Arbeit übernimmt und es dann riecht? Oder laut ist?«

Da ist was dran, denke ich. Wobei: Wenn ich ehrlich bin, gibt es eine wirklich faire Arbeitsteilung in meiner Firma auch nicht. Aber das ist ein anderes Thema. Jedenfalls nehme ich mir vor, nicht mehr automatisch Rücksicht zu nehmen auf jede von Jens' Marotten. Das muss ich nicht. Und umgekehrt werde ich deutlicher einfordern, dass er sich in seinem Verhalten auch mal auf meine Empfindlichkeiten einstellt. Wir müssen da ein besseres Gleichgewicht reinbekommen.

Maja begehrt auf: »Wir *haben* Arbeitsteilung! Dirk ist schließlich der Hauptverdiener und ackert zehn, zwölf Stunden am Tag. Ich kümmere mich um Haushalt und Kinder. Und hab meinen Job in der Praxis.«

Simone kriegt es mal wieder nicht hin, das einfach auf sich beruhen zu lassen: »Hast du mal ausgerechnet, wie viele Stunden bei dir zusammenkommen, jede Woche? Und was du am Ende für eine Rente kriegst, falls ihr euch mal scheiden lasst?«

Puh. Woran die immer so denkt. Müsste ich aber auch mal ausrechnen, das mit der Rente. Bei Gelegenheit mach ich das vielleicht mal. Statt Bügeln und Unterhosenfalten zum Beispiel. Dann riecht auch nichts, wenn Jens nach Hause kommt.

KNACK DAS MUSS

Rücksicht auf die Bedürfnisse anderer zu nehmen ist etwas Schönes, das solltest du dir bewahren. Aber zerbrichst du dir vielleicht ein bisschen zu oft den Kopf darüber, was andere brauchen könnten oder was sie vielleicht stört? Denk daran: Sie können den Mund aufmachen, wenn etwas anliegt. Und dann kannst du in Ruhe überlegen, was wichtiger ist: das Wohlbefinden der anderen oder dein eigenes?

WIR REISEN, ICH PLANE

ICH MUSS ... VOR DEM URLAUB ALLES PERFEKT HINTERLASSEN

»Packen? Nee, mach ich morgen Früh. Der Flieger geht ja erst um zehn, oder?« Jens ist mal wieder tiefenentspannt. Für ihn ist offensichtlich schon Urlaub, während ich längst rotiere. Es ist schließlich noch so viel zu tun. Obwohl ich die Antwort kenne – er liest ein Buch und hört dabei Musik –, stelle ich die Frage, die er am meisten hasst: »Was machst du gerade?« Er weiß, dass ich das immer frage, wenn ich gestresst bin und mir eigentlich Unterstützung wünsche. Wieso sage ich das eigentlich nie direkt? Woher kommt diese ewige Hoffnung von uns Frauen, Männer würden spüren, was wir eigentlich meinen? So wie ja auch von uns erwartet wird, dass wir Nuancen wahrnehmen und sensibel darauf reagieren. Jens antwortet meistens so was wie: »Die Frage hab ich schon bei meiner Mutter gehasst. Wenn du Hilfe bei was brauchst, sag einfach Bescheid.« Ich werde schon sauer, wenn ich nur daran denke. Ich will doch nicht seine Mutti sein, die ihm Aufgaben gibt, sondern ich wünsche mir, dass er die Aufgaben selbst sieht. Diesmal allerdings sagt er gar nichts. Hat er inzwischen Kopfhörer auf? Tut er so, als höre er mich nicht? Oder hofft er nur, dass das Stressgewitter einfach vorbeizieht?

Ich versuche es mit einem anderen Dreh: »Jens, kurze Absprache mal. Was muss vor der Reise noch erledigt werden?« In der Hand halte ich den Zettel mit meiner To-do-Liste. Jens schaut hoch: »Außer Packen? Taxi rufen und Tür abschließen morgen Früh. Fertig.« Fassungslos starre ich erst ihn an und dann auf meinen Zettel. Ich spüre, dass sich in mir ein hysterischer Anfall aufbaut, der die Urlaubsstimmung zu gefährden droht. Seine und meine. Wieso bin ich die Einzige, die immer alles im Blick hat? Ich muss an den Titel eines Buchs über die Belastung von Frauen denken, das ich mir neulich gekauft habe: »Die Zentrale der Zuständigkeiten«. Es geht laut Klappentext um das »permanente Jonglieren zwischen Können, Sollen und Müssen«. Leider fehlte mir bisher die Zeit, es zu lesen. Ich habe den Verdacht, dass in dem Buch steht, warum das so ist. Umso entschlossener bin ich jetzt, Jens aus seinem Lesesessel aufzuscheuchen. »Taxi rufen, abschließen und fertig?! Ist das dein Ernst?« Sein überrascht-genervter Blick zeigt mir: Ja, es war sein Ernst. »Der Kühlschrank soll also so bleiben?« – »Hä, wieso?« – »Da stehen jede Menge Sachen drin, die während der zwei Wochen garantiert verderben. Unter anderem die zig Döschen und Gläschen mit Miniresten, die du immer aufhebst. Die hättest du einfach drin gelassen?« Jens zuckt die Achseln: »Kann man ja genauso gut danach wegschmeißen. Dann weiß man wenigstens, was wirklich vergammelt ist und was noch geht. Nachhaltigkeit.« – »Darf ich fragen, wer ›man‹ ist?« – »Hm?« – »Du hast eben gesagt, *man* könne das nach der Rückkehr entsorgen. Wer macht das dann?« Gelassen antwortet Jens: »Der, den es als Erstes stört.« Ein wahres Wort, denke ich, und sage sarkastisch: »Also ich. Toll! Kommt nicht infrage. Bitte nimm dir heute noch den Kühlschrank vor. Ich will nicht als Erstes nach den Ferien verschimmelte Sachen wegschmeißen müssen. Und wo ich gerade deine geschätzte Aufmerksamkeit habe: Die Pflanzen müssen noch gegossen werden. Und hast du das mit dem Finanzamt erledigt? Die Frist läuft in drei Tagen ab.« – »Ach, echt? Jetzt ist das schon? Oh, Mist!« Ächzend erhebt er sich aus seinem Sessel. »Wieso muss ich dann auch den Kühlschrank machen? Was machst du eigentlich, außer Packen?« Er klingt dabei wie einer seiner pubertierenden Schüler – in seinem Ton schwingt der Verdacht mit, er müsse mal wieder alles alleine mache und ich würde ihn dazu verdonnern, um ihn zu schikanieren. Und mich selbst auf die faule Haut legen. Ich zwinge mich trotzdem zur Ruhe und halte meinen Zettel hoch. »Kann ich dir sagen. Ich ziehe die Betten ab, wasche die Sachen, hänge sie auf und beziehe neu. Damit wir es schön frisch haben, wenn wir wieder da sind. Ich gehe noch mal kurz einkaufen. Unter anderem dein Shampoo. Ich bringe Carla die Schlüssel nach oben, sie kommt zum Gießen und legt uns die Post rein. Hab ich netterweise organisiert. Ich packe unsere Medikamente zusammen und alles für den Strand. Ich putze zumindest oberflächlich die Wohnung. Und was essen müssen wir heute Abend ja auch noch. Morgen Früh muss dann noch die Kaffeemaschine sauber gemacht werden, die Spülmaschine muss noch mal durchlaufen und fertig sein, bevor wir gehen, die ganzen Stand-by-Geräte müssen ausgemacht werden ... Noch Fragen?« Jens kratzt sich am Kopf. »Tja, an manches hätte ich wirklich nicht gedacht. Aber das meiste ist ja ne Sache von fünf Minuten. Maximum. Und wieso bitte willst du hier noch mal *putzen*? Sieht doch völlig okay aus. Außerdem staubt es in den zwei Wochen doch sowieso wieder ein.« Ich schüttle den Kopf. »Du hast nicht zugehört, oder? Carla kommt zum Gießen!« – »Ja. Und weiter?« – »Meinst du, ich will, dass die das hier so sieht? Meine Küche sieht doch aus wie Sau. Der Küchenfußboden klebt, alles ist voller Krümel, die Spüle ist dreckig, die Fenster sind nicht geputzt ...« Jens wird langsam sauer. »Jetzt frage ich mal, ob *du* das ernst meinst! Erstens übertreibst du maßlos. Ja, man sieht unserer Wohnung an, dass sie bewohnt wird – zum Glück. Aber sie ist keineswegs verdreckt. Und zweitens kommt Carla hier ein paarmal für wenige Minuten rein und gießt die Pflanzen auf dem Balkon. Falls es nicht sowieso genug regnet in der Zeit. Meinst du, sie inspiziert dann wirklich die Küche? Es ist übrigens *unsere* Küche, nicht *deine*.« Wär schön, wenn du das öfter so sehen würdest, wenn es dort was zu tun gibt, denke ich. Aber erst mal muss ich ihm die Welt erklären. »Oh Mann, du scheinst wirklich wenig zu wissen über Frauen. Selbstverständlich registriert sie, wie es hier aussieht. Dafür muss sie nichts inspizieren, das läuft bei Frauen ganz automatisch und nebenbei ab.« Jens antwortet arglos: »Ja, und wenn schon. Dann sieht sie eben die paar Krümel, was soll's. Bei ihnen sieht es doch auch nicht geleckt aus.« – »Das ist was anderes. Du verstehst das einfach nicht. Sie wird allein sein hier in der Wohnung. Ohne dass ich was erklären kann. Da gebe ich mir nicht die Blöße, dass sie das Chaos hier sieht.« Mir ist selbst klar, dass ich absurd übertreibe, aber ich kann gerade nicht aus meiner Haut. Wenn alles an mir hängen bleibt, fällt es mir manchmal schwer, das Nötige vom Überflüssigen zu unterscheiden. Jens schließt die Diskussion ab, indem er sagt: »Ich übernehme gerne die Hälfte der Aufgaben, die du genannt hast. Aber das mit dem Putzen machst du alleine. Das ist *deine* Macke.« Na, danke! Sehr großzügig. Und dann wendet er sich dem Stapel von etwa 20 Büchern zu, die vor ihm auf dem Boden liegen, und kratzt sich am Kopf. »Ich glaube, zwei oder drei muss ich noch aussortieren.« Ich tippe mir mit dem Finger an die Stirn. »Und das ist jetzt *deine* Macke. Du schaffst doch meistens eh nur ein Buch im Urlaub. Höchstens zwei. Denk dran, was Übergepäck kostet. Außerdem gibt es E-Books.« – »Die mag ich nicht, am Strand und so, das weißt du. Und ich will immer die Auswahl haben.« Mir egal. Ich gehe jetzt erst mal einkaufen. Als ich wiederkomme, sitzt Jens immer noch vor seinen Büchern; er hat sich offenbar irgendwo festgelesen. Ich kann es nicht lassen – der Mutti-Spruch muss raus: »Du weißt schon, dass du noch was zu tun hast? Den Kühlschrank?« Stolz schaut er hoch: »Ist schon erledigt.« – »Hoppla! Ich war doch nur ne Viertelstunde weg. Hast du ihn denn auch geputzt bei der Gelegenheit?« Jens ist völlig überrascht. »Nö. Hattest du mir nicht gesagt.«

Herrje! Wenn er sich doch nur mal entscheiden könnte, ob ich seine Mutter sein soll oder seine Partnerin. Doch eigentlich geht es um was anderes, merke ich. Ich muss lernen, mich nicht für alles zuständig zu fühlen – und er muss mehr Verantwortung übernehmen. Aber wie geht das, verdammt noch mal? Gibt es da Kurse für Paare? Muss ich mich gleich mal drum kümmern, nach dem Urlaub.

KNACK DAS MUSS

Aufgaben sollen fair verteilt werden, du musst nicht alles allein im Blick haben, wenn ihr auf Reisen geht. Wichtig: Ihr müsst beide gemeinsam festlegen, was vorher noch getan werden muss. Wie das geht? Mach es wie Anne: Schreib dir auf, was deiner Meinung nach anliegt, bis wann es gemacht werden soll und wie lange es ungefähr dauert. Bitte deinen Partner um genau so eine Liste. Dann wird verglichen und verhandelt. Manches wirst du streichen müssen – oder dürfen. Aber was übrig bleibt, wird fifty-fifty aufgeteilt. Und wenn der andere seinen Teil nicht macht, dann bist du nicht dafür verantwortlich. Also halt es aus, dass es nicht gemacht ist. Vielleicht ist es ja wirklich nicht sooo schlimm, wenn deine Nachbarin sieht, dass noch benutztes Geschirr in der Spüle steht ...

SO WEIT DIE FÜSSE TRAGEN ...

ICH MUSS ... ELEGANTE SCHUHE TRAGEN

Jens strahlt. Er ist rundum glücklich. »Barcelona ist doch herrlich, oder? Toll, dass wir noch drei Tage vor uns haben. War richtig, dass wir fünf Tage gebucht haben. Es gibt so viel zu sehen!« Er schmeißt seine ausgelatschten, offenbar wie angegossen sitzenden Sneakers in die Ecke des Hotelzimmers und sich selbst aufs Bett. »Jetzt mal kurz Füße hochlegen. Und heute Abend stromern wir wieder durch die Gassen, ja?«

Ich höre ihm nur mit halbem Ohr zu. Können wir Frauen ja. Genügt für jedes Gespräch mit einem Mann. Ich bin abgelenkt, weil in meinem Kopf nur ein einziger Satz dröhnt, in Dauerschleife: »Meine Füße tun so weh! Meine Füße tun so weh! Meine Füße tun so weh!« Vorsichtig ziehe ich meine ziemlich neuen und nur so mittelbequemen Tagsüber-Schuhe aus und verschwinde im Bad. Dort lasse ich erst mal minutenlang Wasser über die brennenden Füße laufen und denke: Noch drei Tage und Abende von der Sorte und ich muss zur Kur. Der gestrige Abend war schon schlimm, und die heutigen Tagesmärsche haben mir den Rest gegeben. Ich bereue meine Vorurteile gegen Birkenstock & Co. Ganz schön viele Frauen laufen hier mit sehr bequemem Schuhwerk rum. Nur ich unerfahrene Städteurlauberin dachte, hier im Süden müsse frau vor allem elegant sein statt praktisch. Und wenn ich heute Abend wieder in meinen nagelneuen Pumps (die Jens noch keines Blickes gewürdigt hat) übers Pflaster wackeln muss, kann ich morgen auch tagsüber nicht mehr laufen. Die anschließende Woche auf Mallorca könnte ich dann nur mit den Füßen im Schlammbad verbringen. Ich muss also was unternehmen.

Zurück im Zimmer versuche ich es zuerst mit der typischen Mädchennummer: Ich kuschle mich an Jens und gurre verführerisch: »Du-hu? Wollen wir uns nicht einen gemütlichen Abend hier auf dem Zimmer machen?«

Jens schüttelt verständnislos den Kopf. »Auf dem Zimmer bleiben?! An unserem zweiten Abend in Barcelona?! Wieso das denn?«

»Och, nur so.«

»Hey Süße, weißt du nicht mehr, was für eine verzauberte Stimmung das gestern Abend war in den Gassen? Hör doch mal die Geräusche von draußen. Ich könnte sofort wieder los. Lass uns doch wieder irgendwo spontan eine Tapas-Bar entdecken, dort was essen und dann weiterziehen. Deshalb sind wir doch hier! Und wer weiß, wann wir wieder mal herkommen können.«

Er hat ja so recht. Ich bin doch auch begeistert von Barcelona. Nur meine Füße nicht. Ich entschließe mich zur Wahrheit.

»Ich bin … das viele Laufen einfach nicht mehr gewohnt. Meine Füße tun tierisch weh und brauchen mal 'ne Pause, glaub ich«, sage ich kleinlaut.

Jens denkt leider mal mit. »Das Laufen nicht gewohnt?! Sagt die Frau, die seit Jahren ihre Wandergruppe durch die deutschen Mittelgebirge scheucht? Du machst Witze!«

»Na, da laufen wir ja wohl nicht auf Straßenpflaster!«, erwidere ich trotzig. Und füge dann leiser hinzu: »Außerdem hab ich da … bequemere Schuhe an.«

Jetzt ist es raus.

»Aber was ist denn mit denen da, die du gerade ausgezogen hast? Sind die nicht bequem? Die sehen doch ganz okay aus.«

»Also wirklich! Das sind doch keine Abendschuhe! Du hast echt gar keine Ahnung. Außerdem sind die neu und drücken auch ganz schön.«

Jens sieht mich an und lässt dann den Blick zu meinem nicht ganz kleinen Koffer schweifen. »Na, dann zieh doch deine Sneakers an. Die hast du doch mit, oder?«

Ich denke daran, dass in meinem Koffer nur noch ein zweites Paar Pumps und die Riemchensandalen stecken, und versuche trotzdem, überlegen zu klingen: »Sneakers! Im Städteurlaub! So was trägst du vielleicht, aber so tief bin ich noch nicht gesunken. Da kann ich ja gleich in solchen orthopädischen Kloben rumlaufen. Ich will schließlich schön sein für meinen Mann! Und kein Bauerntrampel!«

Jens schüttelt verständnislos den Kopf. »Du hast keine richtig bequemen Schuhe mit?! Nur diese unbequemen Dinger? Und sagst, das sei meinetwegen? Und weil Abend ist und nicht Nachmittag?«

»Dinger« nennt er meine todschicken neuen Schuhe. Wenn der wüsste, was die gekostet haben. Ich versuche, meine Verteidigungslinie zu halten: »Ich fühl mich einfach wohler so.«

Jens muss diesen Satz gar nicht mit Worten kommentieren. Sein Blick auf die roten Druckstellen an meinen jetzt schon schmerzenden Füßen genügt völlig, um mir die Lächerlichkeit meiner Position klarzumachen. Zum Glück redet er liebevoll weiter: »Folgender Beschluss: Ich massiere dir jetzt eine Viertelstunde lang die Füße, und dann gehen wir los und kaufen dir im ersten Laden ein Paar Sneaker. Oder bequeme Sandalen. Also das, was man für einen Städtetrip braucht. Du darfst meinetwegen auch in aller Ruhe dreißig Paar anprobieren, bevor du dann doch das erste nimmst. Versprochen.«

Die nächsten Tage sind himmlisch. Jetzt lieben meine Füße Barcelona und ich auch. Ich habe sogar zugestimmt, dass Jens abends eine Strickjacke in seinen Rucksack stopft und mir später am Abend um die Schultern legt – weil ich an den ersten Abenden irgendwann richtig gefröstelt habe. Dass seine Strickjacke nicht so richtig zu meinen Blusen passt, nehme ich tapfer in Kauf.

Aber als wir am letzten Tag mit einer Freundin verabredet sind, die auch gerade in der Stadt ist, quäle ich mich doch noch mal in die Pumps. Jens' Blick ersetzt seine Frage: Ist es wirklich für die Männer, wenn Frauen solche Dinger anziehen, oder geht es eher um andere Frauen? Zum Glück wagt er es nicht, diesen Gedanken auszusprechen. Die Simone in mir würde ihm wegen Frauenfeindlichkeit an die Gurgel gehen. Und es reicht schon, dass der Gedanke mir selbst durch den Kopf geht. Trotzdem: Ich werde Martina nicht den Triumph gönnen, ihr in Sandalen unter die Augen zu treten, während sie wie immer auf 12-Zentimeter-Absätzen angeschwebt kommt, als sei nichts.

Und dann kommt der Hammer. Martina begrüßt uns tiefenentspannt – und ist plötzlich kleiner als ich. Weil sie nämlich herrlich ausgelatschte Gesundheitssandalen trägt. Als sie meine Pumps sieht, wird sie kurz unsicher und eine kleine Teufelin in mir will mich dazu bringen, das auszukosten. Aber am Ende siegt doch die Frauensolidarität: Ich erzähle ihr lachend die Geschichte vom »gemütlichen Abend zu zweit im Hotelzimmer« und greife dann in Jens' Rucksack. Da sind meine neuen Sandalen drin. Ich erwarte eigentlich, dass die Damen und Herren an den Nebentischen missbilligend schauen, wenn jetzt auch die zweite Deutsche auf die Eleganz pfeift, die sie meinen, von Frauen in der Öffentlichkeit erwarten zu dürfen. Aber nichts dergleichen passiert. Und sonst wäre es mir jetzt auch einfach mal schnuppe.

 ## KNACK DAS MUSS

Es ist Zeit für einen ehrlichen Blick auf dich selbst: Für wen »musst« du schön sein und dich elegant kleiden? Und welche Unannehmlichkeiten willst du dafür in Kauf nehmen? Wenn du dich dabei erwischst, dass es vor allem um eine schräge Konkurrenz mit anderen Frauen geht, frag dich mal, wieso das so ist und ob es wirklich sein muss.

Sicher hast du Freundinnen, die erleichtert sind, wenn du das Thema mal ansprichst und ihr »Abrüstungsverhandlungen« führt. Wenn du dich aber schön machst, weil du es magst und willst: Go for it! Dann freu dich über die bewundernden Blicke von anderen – und halte es lässig aus, wenn anderen auch mal der Neid ins Gesicht geschrieben steht. Vielleicht kannst du dem sogar souverän mit Freundlichkeit begegnen.

KAMPF DER SUV-MOMS

ICH MUSS ... ENTSPANNT WIRKEN

Heute sind wir bei Maja zum Drei-Frauen-Frühstück. Schon im Treppenhaus duftet es verführerisch nach den Croissants, die sie immer noch mal aufbackt. Es wird ihre selbst gemachte Erdbeermarmelade geben – mir läuft schon das Wasser im Mund zusammen. Simone wird sich wieder über den Kräuterquark hermachen, bis er alle ist. Natürlich ebenfalls selbst gemacht. Ich fühle mich schon wieder ganz schlecht, weil ich immer nur gekaufte Sachen anbiete.

Maja ist heute sehr casual gekleidet. Leggings und ein T-Shirt, echt ungewohnt bei ihr. Auch ihre Haare liegen mehr oder weniger so, wie sie morgens aus dem Bett gekommen sind. Sieht immer noch gut aus und vor allem wunderbar natürlich. Richtig entlastend für mich, in meinen bequemen Klamotten.

Wir plappern ununterbrochen. Unter anderem informiert Maja uns über die neuesten Diät-, Gesundheits- und Fitnesstrends. Sie ist der Meinung, dass frau so was wissen muss. Ich bin mal wieder unsicher, wie wichtig ich das finde. So richtig interessieren tut es mich nicht, aber ich notiere mir unauffällig zwei oder drei abgedrehte englische Begriffe in mein Smartphone.

Simone ist eine begeisterte Sportlerin und ernährt sich sowieso gesund. Sie versteht zwar nicht, wieso sich Frauen mehr dafür interessieren sollten als Männer, kann aber mitreden. Außer bei Diäten, die lehnt sie als »Machoterror« kategorisch ab. Kunststück – bei ihrer Figur ...

Plötzlich guckt Maja erschrocken auf die Digitaluhr am Herd. »Schon halb zwölf! Mensch, ich muss mich ja fertig machen!«

Wir gucken sie erstaunt an. »Ich dachte, du hast heute frei«, sage ich etwas enttäuscht. »Ja, nein, also ja ... ich hole Toni um halb eins von der Schule ab, und ich hab ihr versprochen, dass wir danach zum Spielplatz gehen. Wenn ihr wollt, könnt ihr gerne mitkommen – da haben wir viel Zeit zum Reden.«

Simone und ich nicken stereo. »Sehr gerne«, sagt Simone und fällt kurz in ihren warmen bayerischen Tonfall: »Toni rutscht und wir ratschen. Aber sag mal, wofür musst du dich denn fertig machen? Hast du noch ein Vorstellungsgespräch später?« – »Oder ein Date?«, grinse ich. »Fast.« Jetzt lacht auch Maja. »Es ist eher eine Art Casting.« Simone ist neugierig. »Erzähl! Wann? Wo? Warum?« – »Ach, ich verarsch dich doch. Ich hab keinen Termin. Aber so kann ich nicht vor der Schule rumstehen. Oder zum Spielplatz gehen.« Sie zeigt an sich hinunter und dann auf ihre Frisur.

Simone denkt nach. »Ist ja wirklich übel, dieser Schönheitsterror, den die Männer auf uns ausüben. Aber sind da überhaupt so viele Typen auf dem Spielplatz?« Wir starren sie an und schütteln dann prustend die Köpfe. »Schätzchen, manchmal bist du echt naiv.«, sagt Maja. »Nein, da sind nicht viele Männer. Und für Väter, die tagsüber mit ihren Kindern auf den Spielplatz gehen, würde sich auch niemand hübsch machen. Solche Loser merken ja nicht mal, ob ich blond bin oder brünett.« Mit diesen Worten verschwindet sie in Richtung Bad und Schlafzimmer.

Das fand ich jetzt nicht sehr nett gegenüber engagierten Vätern, aber ich weiß, was sie meint. Männer mit säuerlich riechenden Bäuerchen-Flecken auf dem Hemd und einer Windeltasche sind nun mal nicht sexuell attraktiv – genauso wenig wie Frauen mit einem Still-BH und dem Geruch von Karottenbrei in den Haaren.

Doch zurück zu Simone, die immer noch nachdenkt. »Monchen, sie macht das nicht wegen der Männer, sondern wegen der anderen Mütter.« – »Was?! Wieso denn das?« Ich zucke mit den Schultern. »Frag sie nachher selbst. Jetzt erzähl lieber was von deiner Arbeit, ich hatte erst mal genug Frauenthemen.« Erschrocken schlage ich mir vor den Mund – aber zu spät. Simone hakt sofort ein: »Jobthemen *sind* Frauenthemen!« Dann erzählt sie von ihrem neuen Projekt zum Empowerment migrantischer Frauen, das sie bei der Stadtverwaltung gerade auf die Beine stellt. Sie macht einfach gute Sachen – Sachen mit Substanz. Und sie macht sich wenig Gedanken darüber, wie sie als Frau wegkommt beim ewigen Vergleichen. Irgendwie beneide ich sie, weil sie sich viel unsinnigen Stress erspart. Aber eine Art lilafarbene Brille trägt sie schon – und die zeigt als Ursache jeden Blödsinns immer nur Männer. Wenn es nur so einfach wäre.

Nach einer halben Stunde kommt Maja wieder in die Küche. »Sorry, ich konnte mich nicht entscheiden.« Sie ist wie verwandelt: dezent geschminkt und mit kunstvoller Nachlässigkeit frisiert. Dazu trägt sie eine Chino-Hose in Beige, ein apricotfarbenes Poloshirt und recht neu aussehende Marken-Laufschuhe. Ich mache ihr ein Kompliment für ihr Outfit, aber Simone starrt sie an und verwandelt sich in ein einziges Fragezeichen. »Damit tobst du im Sand rum?« Maja guckt sie an wie ein Auto. »Du gehst wirklich nie auf Spielplätze, oder? Die Mütter toben da nicht. Das machen ja die Kinder.«»Und die kindischen Männer«, werfe ich dazwischen. »Ja, und die Mütter?«, fragt Simone. »Diskutieren die Konzepte zur faireren Rollenverteilung zwischen den Geschlechtern? Oder bilden sie sich weiter?« Maja platzt jetzt der Kragen: »Ganz ehrlich, Simone? Die meisten Mütter auf dem Spielplatz sind mit ihrem Smartphone beschäftigt oder sie quatschen. Und sie posen. Es geht um Konkurrenz mit den anderen Müttern. Und nebenbei um die Kinder. So akademisches Zeugs interessiert da nicht, Tschuldigung. Und jetzt müssen wir los.«

Während Maja vorneweg stürmt und signalisiert, dass man sie im Moment nicht ansprechen sollte, fragt Simone mich leise: »Was hab ich denn gemacht? Ist sie sauer?« – »Ach, ich glaube, sie fühlt sich dir gegenüber immer schnell in der Defensive, vor allem, wenn es ums Muttersein geht. Das sieht sie ja als ihren Bereich, über den sie mehr weiß als wir. Außerdem ist sie schnell verunsichert, wenn es zu theoretisch wird. Du redest ja manchmal so ... wie an der Uni. Da war sie nie. Deshalb hat sie Komplexe. Und dein Feminismus ... passt eben nicht immer zu ihrem Leben.« (Zu meinem übrigens auch nicht, denke ich im Stillen.) Simone nickt. »Verstehe. Aber sag mal, hast du kapiert, warum sie sich so schick gemacht hat?« Ich hebe den Zeigefinger. »Mittelschick. Sportlich schick. Wichtiger Unterschied. Overdressed oder supersexy wäre auch schlecht.«

»Okay, dann eben sportlich schick. Aber wieso? Sie könnte doch so gehen wie wir.« – »Nee. Wir sehen die Mütter von heute wahrscheinlich nie wieder, da kann uns egal sein, wie sie uns ansehen. Aber Maja hat täglich mit ihnen zu tun. Liefe sie rum wie vorhin, in Leggings, würde sie ihnen signalisieren, dass sie ihr Leben nicht im Griff hat. Und ohne Schminke sähe man ihr an, wie anstrengend das Leben mit Kindern ist.«

»Ja, na und? Das wissen die anderen Mütter doch sowieso. Und wenn eine mal nicht mehr kann, müssten sie doch solidarisch sein.« Ich puste die Luft aus und ziehe die Augenbrauen hoch. »Ja, sollte man meinen. Wäre gut. Ist aber eher die Ausnahme. So, da vorne ist die Schule. Schau dir die Mütter in den SUVs an, dann fragst du nicht mehr, warum Maja sich ein bisschen aufgebrezelt hat.«

Simone sieht sich um und nickt nur stumm. Um dann ganz leise, wie zu sich selbst, zu murmeln: »Und kein Mann weit und breit. Unglaublich.«

KNACK DAS MUSS

Musst du wirklich immer gut aussehen und Haltung bewahren? Du weißt vermutlich selbst, wie viel Energie es kostet, eine Fassade aufrechtzuerhalten und dir nicht anmerken zu lassen, dass du gestresst bist. Oder erschöpft. Dass es dir gerade nicht gut geht. Diese Energie kannst du so viel besser investieren als in eine Fassade! Also trau dich, nach außen ehrlicher zu sein. Die Befürchtung, dass deine Umgebung dich dann gnadenlos niedermacht, tritt meistens nicht ein. Die anderen haben oft viel mehr Empathie mit einer offen gezeigten Erschöpfung, als du denkst. Also wage diesen mutigen Schritt Richtung Ehrlichkeit und verschwende die Kraft, die du noch hast, nicht für Schauspielerei.

SANDKASTENSPIELE
ICH MUSS ... SEXY AUSSEHEN

Wir sitzen auf einer Bank beim Buddelkasten. Das Wetter ist herrlich, trotzdem ist es eher ruhig hier. Normalerweise, so hat Maja uns erklärt, sind viel jüngere Kinder hier, und am Wochenende und in den Ferien würde Toni sich kategorisch weigern, hier vormittags herzukommen. »Mama, ich bin doch kein Baby mehr! Ich bin ein Schulkind!« Aber jetzt, wo die Kleinen zum Mittagsschlaf nach Hause gebracht wurden und einige von Tonis Freundinnen ebenfalls hier sind, genießt sie es, noch ein Kind zu sein. Es sind auch ein paar Jungs hier – unüberhörbar. Sie sind unter sich – hier herrscht konsequente Geschlechtertrennung. Fasziniert beobachten wir die Mädchen beim Spielen. Beziehungsweise eher beim Reden. Nach einer Weile sagte Maja: »Ist euch das auch schon mal aufgefallen, wie unterschiedlich Jungs und Mädchen spielen?« Ich merke, dass Simone sofort aufbegehrt gegen »geschlechtsspezifische Zuschreibungen und Stereotype«, wie sie vermutlich sagen würde, aber ich lege ihr die Hand auf den Unterarm und bringe sie so dazu, sich erst mal zurückzuhalten. Ich will Maja vor der nächsten Verunsicherung schützen – außerdem interessiert mich ihre Beobachtung. »Jungs fangen sofort an zu spielen. Laut und grob. Ein Ball oder ein paar Stöcke und los geht's. Dagegen die Mädchen ... schaut selbst. Die räumen seit zehn Minuten ihre Spielfläche auf und palavern darüber, was sie spielen wollen und wie die Regeln sind. Jede Wette: Wenn ich in einer Stunde zu Toni sage, dass wir jetzt nach Hause müssen, weil Lennart heimkommt, wird sie sagen. ›Och, schaade, Mami! Wir wollten *gerade* anfangen zu spielen!‹ Ist immer so.« Und tatsächlich: Die Mädchen sind eher mit einer Anleitung für Rollenspiele beschäftigt als mit echter »Action«. Sie reden eher, als zu spielen, und der

Konjunktiv ist ihr wichtigstes Werkzeug. »Du wärst jetzt die gefangene Prinzessin und ich wäre der Prinz und dann käme ich und würde dich befreien.« Ich nicke verblüfft. »Ist mir noch nie aufgefallen. Ist das immer so, bei allen Mädchen?« Maja beugt sich vor, um an mir vorbei betont deutlich in Richtung Simone zu sagen: »Nein, natürlich ist es nicht bei *allen* Mädchen und Jungs so. Man darf ja nicht verallgemeinern.« Das kommt im Ton eine Spur zu patzig rüber, als dass man es einfach als zutreffende Klarstellung verstehen könnte. Ich frage Maja: »Sag mal, du fühlst dich doch irgendwie unwohl. Was ist los?« Statt zu antworten, lässt sie ihren Blick an Simones etwas speckigen Jeans und ihren ausgelatschten Gesundheitsschuhen entlanggleiten. »Ich hätte euch vorher sagen sollen, dass wir uns hier öffentlich präsentieren. Dann hättet ihr euch klamottenmäßig darauf einstellen können. Wäre fairer gewesen.« Ich bin wie vom Donner gerührt. Ich habe zwar die missbilligenden Blicke von der nächsten Bank registriert, mir aber keine Gedanken darüber gemacht. »Du meinst … wir beide fallen auf, weil wir uns nicht aufgebrezelt haben, und das fällt auf dich zurück?« Maja reagiert zuerst mit dem etwas kindlichen Trotz, den wir schon kennen von ihr. Meistens ist das die letzte Station, bevor sie den Blickwinkel ändert. »Ich sehe schön angezogene und gepflegte Menschen auch lieber an als Schluris. Wie manche Männer rumlaufen … und auch manche Frauen …« Dann schaut sie uns verzweifelt an und zuckt nur mit den Achseln. Simone hat Majas vorherigen Satz zuerst gar nicht auf sich bezogen, aber jetzt beginnt es in ihr zu brodeln. »Du schämst dich, mit uns gesehen zu werden, oder? Weil wir uns nicht geschminkt haben für den Spielplatz. Na, dann gehe ich wohl besser mal!«

Maja schreit fast. »Nein! Bitte nicht gehen, Simone! Ich finde diesen Druck doch selbst unerträglich.« Dann fährt sie flüsternd fort. »Die da drüben, die immer so blöd guckt, die Laura, ist eine eingebildete Zicke. Aber sie bestimmt in der WhatsApp-Elterngruppe, wer gerade in der Gunst der Müt… der Eltern oben steht und wer nicht. Lasst mich bitte nicht allein mir ihr!« Und dann bricht es aus ihr heraus. Den Tränen nahe sagt sie: »Es ist sooo anstrengend, immer die adrette, gut gelaunte, fitte, gut aussehende sexy Maja sein zu müssen! Wenn irgendwo Männer sind, werde ich mit Blicken abgecheckt auf fuckability. Auf meinen MILF-Faktor. Zu Hause wünscht sich Dirk, dass ich mich verführerisch anziehe und immer willig bin, wenn er Lust hat. Und selbst auf dem Spielplatz, wo nur Mütter sind, wird ununterbrochen gescannt, verglichen und bewertet! Es kotzt mich an!« Mit diesem Satz reißt Maja sich die teuren Schuhe von den Füßen, krempelt ihre Chino-Hose achtlos hoch und streckt die nackten Füße von sich. Danach löst sie die Klammern aus den Haaren, sodass ihr Frisurenkunstwerk in sich zusammenfällt, und verschränkt bockig die Arme vor der Brust.

Ich bin echt verdattert. Ich dachte immer, Maja fühle sich pudelwohl in ihrer eher traditionellen Frauenrolle, dabei stresst sie sie offenbar ziemlich. Immerhin will sie jetzt ernsthaft und ehrlich reden. Die auffällig-unauffällig zuhörende Frau auf der nächsten Bank streift sie ab und zu mit einem provozierenden Blick – offenbar hat sie es satt, sich vor ihr zu fürchten. »Simone, es tut mir leid, dass ich eben so zickig war. Ich wehre mich oft gegen das, was du sagst, weil es so schwer ist, vor mir selbst zuzugeben, dass du recht hast. Ich führe ein scheiß-oberflächliches Püppchen-Leben, so wie die meisten Mütter aus der Klasse ...« – Blick zur Nebenbank – »... und ich bin es leid, immer weiter in dieser Mühle zu sein. Aber das ist meine Welt, und ich kann die Regeln nicht ignorieren. Und auch nicht den Druck, der von Instagram & Co kommt, auch wenn der Mädchen und jungen Frauen noch viel mehr zusetzt. Trotzdem, Simone: Natürlich hat es auch viel mit den Männern zu tun, wenn wir gut aussehen wollen. Oder müssen. Du hast natürlich recht.« Ich schaue fasziniert auf ihre babyglatten Waden. »Apropos: Du rasierst dir täglich die Beine, oder? Ist das für dich oder für Dirk oder ...?« Maja grinst unsicher: »Nicht nur die Beine.« Ich reiße die Augen auf. »Echt? Auch … also … im Schritt?« Maja nickt. »Er steht drauf. Und ich finde es inzwischen auch hygienischer.« Simone schnaubt hörbar und genervt. »Soll ja jede machen, wie sie will – aber diesen Quatsch mit der Hygiene solltet Ihr mal vergessen. Der Mensch hat ja nicht zufällig dort Körperhaare, wo sich viel Schweiß bildet, also eben unter den Achseln und im Schambereich. Die Haare fangen den Schweiß ab. Nimmt man sie weg, hat er freie Bahn. Das geht dann nur mit dreimal täglich Duschen und 48-Stunden-Deo weg. Ganz toll für die Umwelt und für den Säureschutzmantel der Haut.« Das war eine echte Simone: pragmatisch, am Ende ironisch – und völlig unempfindlich gegenüber den Zwängen eines konventionelleren Frauenlebens. Aber Maja will jetzt reden. »Du bist nicht rasiert?«, fragt sie mich. »Na, ich trimme den Busch schon. Aber ganz weg mag Jens nicht. Er sagt, das sehe dann aus wie bei kleinen Mädchen, und er möge mich doch, weil ich eine erwachsene Frau bin.« Erschrocken füge ich hinzu: »Womit ich natürlich nicht sagen will, dass Dirk …« Maja winkt ab. »Schon gut, weiß ich. Aber sag mal: Wie gehst du damit um, wenn ihr nicht gleichzeitig Lust habt? Also ich …« – offenbar will sie eher etwas loswerden, als meine Antwort zu hören. Was mich ehrlich gesagt erleichtert. Ich bin vermutlich ein bisschen verklemmt, jedenfalls liegen mir Intimgespräche nicht so. Also lasse ich sie gerne reden.

Maja schaut sich um und spricht leiser: »Wenn ich ganz ehrlich bin, habe ich mit Dirk an den fruchtbaren Tagen rund um den Eisprung zu wenig Spaß im Bett – und an den anderen Tagen will er für meinen Geschmack zu oft und zu viel. Ist echt ein Dilemma. Wie ist es bei dir?« Jetzt bin ich doch dran. Ich stammle herum, bevor ich mit der Wahrheit rausrücke. »Als Hausmann ist Jens nicht ganz unbrauchbar. Also er hat wenigstens guten Willen. Manchmal. Und er wäre sicher ein liebevoller Vater. Als Partner ist er echt ein guter Fang. Aber ich fürchte, sexuell törnt mich genau das ab.« Ich habe kalten Schweiß auf der Stirn. So klar habe ich das noch nie formuliert – nicht mal im Stillen mir selbst gegenüber. Hastig schiebe ich nach: »Aber ich finde es mindestens genauso wichtig, dass wir beieinander sind und kuscheln. Es muss ja nicht immer Hochleistungs-Befriedigungssport sein.« Maja nickt eifrig und dankbar. »Ja, genau. Ich denke auch immer: Hauptsache, wir sind zusammen. Er scheint ja weiter auf mich zu stehen, das ist doch auch nicht unwichtig. Und ich will ihm ja auch gefallen. Und gesehen werden. Auch von anderen Männern. Gesehen – nicht angeglotzt und mit Blicken ausgezogen. Meine Mutter beschwert sich übrigens inzwischen, dass Männer ihr *nicht* mehr nachschauen. Auch verrückt, oder?«

Simone mischt sich ein, pragmatisch wie immer. »Keine Frau ist verpflichtet, ihrem Mann zur Verfügung zu stehen, nur weil er gerade Lust hat. Und was eure eigene Lust angeht: Es gibt doch nicht nur Männer. Ich mache regelmäßig ein Wochenendseminar: *Orgasmusarbeit mit Frauen.* Da komme ich regelmäßig ...« die Kunstpause an dieser Stelle ist sicher kein Zufall; Simone hat einen speziellen Humor – »... seeeehr entspannt und ausgeglichen nach Hause.« Sie grinst uns frech an. Maja ist jetzt richtig aufgekratzt. Absichtlich laut sagt sie: »Ich bin so froh, dass ihr meine Freundinnen seid und nicht diese gelangweilten Muttis aus der Schule. Scheißegal, wie ihr angezogen seid.« Die teuer-lässig gekleidete Frau auf der Bank neben uns steht abrupt auf und kommt auf uns zu. Auweia. Gibt es jetzt Ärger? Zickenkrieg mit Haareziehen und Augenauskratzen? Aber weit gefehlt. Sie schaut Maja an und sagt: »Hi, Maja. Ich hab einiges von eurem Gespräch mitgehört. Weißt du was? Ich hätte gerne auch solche Freundinnen wie du. Ehrlich gesagt beneide ich dich richtig. Mir geht es oft wie dir, dass ich es extrem anstrengend finde, diese Fassade der SUV-Mom aufrechtzuerhalten. Wollen wir uns nicht mal auf einen Kaffee verabreden? Ich glaube, du kannst mir einiges beibringen.«

KNACK DAS MUSS

Ertappst du dich auch öfter mal beim Abchecken anderer Frauen? Beim Vergleichen? Und stresst es dich, wenn du abgecheckt wirst? Frag dich mal, ob das wirklich nötig ist. Und besinn dich darauf, wie du bist und sein willst. Es ist doch schön, wenn andere Frauen dabei eine positive Anregung für dich sein können, aber du musst dich nicht auf eine bestimmte Weise verhalten oder stylen oder anziehen, nur weil andere es tun. Und erst recht musst du nicht dich oder andere runtermachen, weil ihr eure Leben unterschiedlich lebt. Dass eine Frau anders ist als du, heißt doch nicht, dass sie dir dadurch etwas wegnehmen oder dir einen Vorwurf machen will. Leben und leben lassen, heißt die Devise.

WER FÜHRT DAS GROSSE WORT?

ICH MUSS ... MEINE GRENZEN AKZEPTIEREN

Maja ist erkennbar beeindruckt. »Der Mann überzeugt mich! Schon wie der das vorträgt. Souverän und sympathisch. Und so kompetent. Der lässt sich ja durch keine Detailfrage verunsichern!« Ich habe meine beiden Freundinnen überzeugen können, mit zu einer Podiumsdiskussion zu kommen, bei der Timo aus meiner Naturschutz-Ini unsere Anliegen vertritt. Ein Vertreter des Bauernverbands und eine Kommunalpolitikerin machen ihm gerade Dampf, weil sie sich um das Recht der Bauern sorgen, weiter fröhlich Gift zu verspritzen, bis auch die letzten Insekten und Singvögel verschwunden sind. Zufrieden bemerke ich, dass auch Simone einige Male zustimmend nickt und anerkennend die Brauen hebt, wenn Timo mit Zahlen und Argumenten eine Attacke pariert. Als die Schlussrunde der Diskussion läuft und die Reihe an Timo ist, schaut er während seines Kurzvortrags, der unsere Position noch mal zusammenfasst, häufiger auf ein Blatt Papier vor sich. Obwohl ich aus dem Augenwinkel registriere, dass Simone mich beobachtet, kann ich nicht anders: Ich spreche den Text stumm mit, angespannt und mit fest gedrückten Daumen. Wenn Timo das jetzt gut rüberbringt, dann haben wir den Saal und auch die Lokalpresse hinter uns. Dann ist meine Strategie aufgegangen.

Als der Applaus verklungen ist und wir ins Foyer gehen, um noch etwas zu trinken, fragt Simone mich: »Sag mal, kanntest du den Text seiner Rede? Du hast ja fast Wort für Wort mitgesprochen.« Ohne groß zu überlegen, antworte ich: »Klar kannte ich den. Ich hab ihn ja geschrieben. Da stecken vier Wochen Recherche drin, mindestens.« Simone atmet tief ein. Ich kenne das – jetzt kommt gleich wieder eine Kopfwäsche für mich. Aber erst mal grätscht Maja in die Lücke. »Du hast das geschrieben? Ist ja stark. Dann ist es ja noch viel eindrucksvoller, wie der Timo das rübergebracht hat, wenn es nicht mal von ihm ist. Ist er Schauspieler oder so was?« Simone motzt Maja an: »Echt jetzt? Eine andere Frage fällt dir nicht dazu ein? Du willst nur wissen, was für eine Ausbildung der tolle Timo hat? Nichts sonst?« Maja schaut ziemlich belämmert und sagt pampig-ratlos: »Ich weiß nicht, was du jetzt wieder hast. Was soll ich denn sonst fragen?« Simone dreht sich zu mir: »Na, zum Beispiel, warum Anne nicht da oben gesessen hat statt dieses Schönlings, wenn das doch alles von ihr ist. Ach, da kommt er ja. Kann ich ihn ja selbst mal fragen.« Ich versuche noch, sie zu stoppen, aber Simone ist nicht aufzuhalten. Mit lauter Stimme stellt sie Timo zur Rede: »Sag mal, wieso lässt du eine Frau die ganze Arbeit machen, um dann selbst die Lorbeeren einzuheimsen?« Das gesamte Foyer verstummt schlagartig und wendet den beiden die Köpfe zu. Timo ist sichtlich überrumpelt. Er sucht meinen Blick. Ich will am liebsten im Boden versinken. Ich zupfe Simone am Ärmel und flüstere: »Ich würd' dir gerne was erklären dazu.« Aber sie schüttelt mich ab und funkelt Timo weiter wütend an. Der hat sich inzwischen gefangen und antwortet: »Ich gebe Ihnen recht, Anne hätte dort oben sitzen müssen. Sie hat die ganze Arbeit gemacht und die Strategie entworfen – und alles hat komplett funktioniert. Wir werden die Abläufe in unserer Initiative überprüfen, damit uns künftig diejenigen nach außen vertreten, die die Konzepte entwickeln. Jetzt muss ich leider zu einem anderen Termin. Die anwesenden Vertreterinnen und Vertreter der Presse richten ihre inhaltlichen Fragen bitte an Frau Anne Berg hier; sie ist unsere Fachfrau.« Dann drängt er durch die verdutzt zurückweichende Menge zügig in Richtung Ausgang und schaut mich dabei kurz an. In seinem Blick liegen Verletztheit und versteckte Wut – und ein etwas spöttisches »Na, dann mach mal.« Dann steht schon die erste Journalistin vor mir. Mir schießt die Röte ins Gesicht, aber ihre Fragen sind zum Glück sehr harmlos. Kniffliger ist es, mit einem sehr überheblich auftretenden Lokalreporter fertigzuwerden, doch zum Glück hat er vorhin nicht gut zugehört und ich kann ihm mit dem Richtigstellen einer Falschbehauptung ziemlich den Stecker ziehen. Nach zehn Minuten ist der Spuk dann schon vorbei. Maja himmelt mich geradezu an wegen meines Auftretens, und Simone versucht sich an einer Art verbalem Schulterklopfen: »Na bitte. Geht doch.« Sie tut, als wäre sie meine Chefin. Aber jetzt bin ich mal sauer auf sie. »Vielleicht hörst du dir das nächste Mal alle Fakten an, bevor du deine Feminismus-Nummer durchziehst«, zische ich. Irritiert schaut sie mich an. »Aber das war doch ... alles völlig offensichtlich.« – »Ach! War es? Ich denke nicht. Ich war vorgesehen für das Podium – und ich habe vorgestern gekniffen. Ich bin gerade sehr gestresst wegen einer Deadline im Job und ich habe Angst davor, öffentlich zu reden. Schon immer. Vorgestern habe ich Timo das gebeichtet und ihn gefragt, ob er für mich übernehmen kann. Er hat noch versucht, mir Mut zu machen, dass ich das schon schaffen werde und so. Doch als ich immer panischer wurde, hat er sich zwei Nächte lang mein Material draufgeschafft. Ich bin also nicht rausgedrängt worden, wie du automatisch annimmst, sondern habe die Aufgabe abgegeben. Timo hat unsere Ini gerettet. Schönen Abend noch!«

Ich will gehen, aber Simone hält mich auf. Offenbar ehrlich bedröppelt sagt sie Sätze, die recht untypisch für sie sind: »Mensch, Anne, das tut mir ganz ehrlich leid. Da habe ich wohl echt voll danebengelegen. Ich habe nicht nur Timo unrecht getan, sondern auch dich in eine blöde Situation gebracht. Nimmst du meine Entschuldigung an? Als Wiedergutmachung würde ich euch gerne zum Italiener einladen.« – »Nicht zur Italienerin?«, fragt Maja spitz. Sie genießt es, mal Oberwasser zu haben und Simone so kleinlaut zu sehen. Da ich besänftigend nicke, traut Simone sich schon wieder zu lachen und schiebt uns Richtung Tür. »Okay, Italienerin. Ich würde jedenfalls zu gerne mit euch darüber nachdenken, warum Frauen eigentlich so oft Angst davor haben, öffentlich zu reden, während es den wenigsten Männern was ausmacht.« Zufällig geht der Vertreter des Bauernverbands gerade neben uns durch die Tür. Er dreht sich zu Simone und fragt ganz ruhig: »Wie kommen Sie denn darauf? Ich habe die letzten drei Nächte nicht geschlafen vor Aufregung. Auf Wiedersehen.« Und so kommen Maja und ich zu dem seltenen Vergnügen, Simone zum zweiten Mal innerhalb von fünf Minuten kleinlaut zu erleben. Vielleicht wird es genau deshalb diesmal ein sehr harmonischer Weiberabend.

KNACK DAS MUSS

Öffentlich zu reden ist Stress, keine Frage! Fast niemand tut sich leicht damit, weder Frauen noch Männer – auch wenn die Kerle oft unbekümmerter wirken, weil sie geübter darin sind, keine Schwäche zu zeigen. Aber sie reden häufig ziemlichen Unsinn da oben und nervös sind sie auch. Garantiert. Also bekenn dich ruhig zu deinem Lampenfieber – auch vor anderen. Dass es allen so geht, wird dich schon etwas beruhigen. Gib dabei nicht der Versuchung nach, das kleine, hilflose Mädchen zu spielen und einen Mann um Rettung zu bitten, das fühlt sich später noch blöder an als das Lampenfieber selbst. Denk dran: Du bist kompetent und hast etwas zu sagen. Deine Stimme verdient es, gehört zu werden. Wetten, wenn du das Wort ergreifst, kommt etwas Durchdachteres dabei raus als bei vielen Männern. Also trau dich. Viel schlimmer als kalt duschen ist es nicht.

MEIN CHEF (GEMEIN)
ICH MUSS ... LOYAL SEIN

Keine zwei Wochen später sitze ich mit Simone in ihrer Lieblingskneipe, dem »Antitox« – nur für Frauen. Der Name bezieht sich übrigens nicht auf Alkohol und andere Nervengifte, sondern auf das »toxische Geschlecht«.Na ja. Simone hat ihre Lederjacke auf das etwas speckige Sofa neben uns geschmissen und liegt eher in ihrem Sessel, als dass sie sitzt. Meine Haltung dagegen ist aufrecht und ziemlich verkrampft. Heute bin ich die Kleinlaute. Verlegen nippe ich an meiner Rhabarberschorle und beginne etwas kläglich mit meiner Beichte: »Du, ich war richtig ein bisschen schadenfroh, als du dich neulich so geirrt hast mit Timo. Dass nicht immer alles in dein feministisches Schema passt.« – »Hab ich gemerkt, Süße.« Zum Glück ist Simone kein nachtragender Mensch. Und sie kann auch mal über sich selbst lachen, so wie jetzt. »Manchmal gehen die Pferde mit mir durch, ich weiß. Oder müsste ich sagen: die Stuten?« Sie nimmt einen Schluck aus ihrer Bierflasche und schaut mich prüfend an: »Bist du etwa deshalb so komisch drauf? Weil du schadenfroh warst? Dann vergiss es einfach. Ich bin dir nicht böse. Echt nicht. Oder hattest du danach Stress mit diesem Timo, ist der so eine Pussy?« Ich druckse herum. »Nee, es ist eher, weil ... du recht hattest.« Simone reißt die Augen auf. »Was?! Timo hat dich also doch ausgebootet?! Aber wieso hast du dann ...« – »Nein, nein!« unterbreche ich sie. »Das mit Timo war so, wie ich es gesagt habe. Und er war ganz schön gekränkt von deinen Vorwürfen, aber ich konnte ihn beruhigen. Er ist ja ein Frauenversteher und findet es gut, dass du dich so engagierst – auch wenn es mal danebengeht.« Simone ist jetzt ehrlich verwirrt. »Hä? Wie – danebengeht? Ich dachte, ich hätte doch recht gehabt. Hast du doch eben gesagt.« Wenn ich mal zu Wort käme ...

denke ich, lasse es mir aber nicht anmerken. »Es geht nicht um die Geschichte mit Timo, sondern um meinen Chef. Du hattest recht damit, dass Männer sich oft so verhalten. Das meinte ich.« Weiter komme ich nicht, weil Tränen der Wut in mir aufsteigen. Simone ist nicht so die »Armes-Hascherl«-Trösterin, aber dafür erwacht jetzt ihr Kampfgeist: »Was ist passiert? Wen soll ich verhauen?« Ich muss trotz der Tränen lachen. »Na, Christoph, meinen Chef.« – »Was hat er gemacht?« – »Sich arschig verhalten hat er!« – »Los, erzähl! Was ist passiert?«

Ich atme tief durch und lege los: »Du weißt ja, dass ich seit Wochen an der Präsentation für die Vorstellung meines Projekts arbeite.« Simone nickt: »Der superleise Laubbläser, ich weiß. Du hast da irgendeinen technischen Kniff gefunden, an dem ihr seit Jahren gebosselt habt, oder? Ein Segen für die lärmgeplagte Menschheit.« – »Genau. Hoffentlich wollen all die Hausmeister den auch haben. Manche scheinen den Lärm ja geradezu zu lieben. Aber egal. Jedenfalls war verabredet, dass ich das neue Produkt bei der großen Halbjahrestagung vorstelle. Die geht über drei Tage, mit Geschäftsführung, Außendienst und allem Pipapo. Ich hatte natürlich ganz schön Bammel, aber anders als bei der Podiumsdiskussion war ich echt entschlossen, das durchzuziehen. Ich weiß ja, was das für meine Karriere bedeutet. Und ich hatte bei der Podiumsdiskussion ja auch gekniffen, um meine Nerven zu schonen für die Präsentation. Die ist nun mal wichtiger. Hätte ich mich auf dem Podium blamiert, wäre die Panik vor der Präsi noch größer geworden. Und dann ...« Simone schaut mich etwas spöttisch an: »Frau Berg, Sie schweifen ab.« Sie weiß, dass ich diesen Satz meines Klassenlehrers gehasst habe – wahrscheinlich, weil was dran war.

Ich nicke grinsend und komme zum Punkt. »Mein Vortrag hätte am letzten Tag der Tagung sein sollen, am Donnerstag früh.« – »Gestern also.« – »Äh, ja, genau. Das sollte ein Highlight der Veranstaltung sein – ein neues Produkt mit guten Marktchancen hebt immer die Stimmung. Am Dienstagnachmittag kam Christoph hektisch zu mir ins Büro und meinte: ›Anne, wie weit bist du mit der Präsentation? Ich muss da mal kurz reinschauen.‹ Natürlich hatte ich sie schon fertig, der letzte Drücker liegt mir ja nicht so, wenn ich sowieso schon Lampenfieber habe. Also habe ich sie ihm stolz gegeben. Eine Stunde später hörte ich die Türen des Konferenzraums aufgehen und die Reste eines begeisterten Applauses. Dann steckte Martina, meine Lieblings-Außendienstlerin, den Kopf durch die Tür meines Büros und meinte: ›Das ist ja wirklich stark, was Christoph sich da ausgedacht hat für den Laubbläser. Das wird laufen, das Ding. Aber hattest du da nicht auch dran mitgearbeitet?‹ Du kannst dir vorstellen, wie mir die Gesichtszüge entgleist sind. Ich habe irgendwas von ›gleich ein wichtiger Anruf‹ und ›gerade gar nicht mein Thema‹ gestammelt und sie rausgeschoben, aber sie hat sicher gemerkt, dass was nicht stimmt. Danach hab ich erst mal geheult und vor Wut meinen Locher gegen die Wand geschmissen. Konnte ja keiner hören, der Konferenzraum war ja jetzt leer. Alle sind bestens gelaunt zum Abendessen geströmt. Nur ich nicht. Das hätte ich nicht gebracht, Christoph dort in die Augen zu schauen. Nicht nach dieser Demütigung!« Ich atme hektisch, weil der ganze Film noch mal in mir abläuft. Ich bin immer noch stinkwütend.

Das Wohltuende bei Simone ist: Sie sagt nie den Satz, der bei Jens oder Maja oder meinen Eltern unweigerlich irgendwann käme: »Hast du nicht auch deinen Anteil daran?« Aber sie stellt dennoch eine kluge Frage, die leider ins Schwarze trifft: »Wieso hast du deinen Chef nicht zur Rede gestellt? Oder wenigstens der Außendienstlerin reinen Wein eingeschenkt?« – »Phhh! Die ist so eine Plaudertasche – das hätte doch sofort die Runde gemacht!« – »Ja, und? Wieso wäre das so schlimm?« Ich starre sie an. »Hast du noch nie was von Loyalität gehört? Ich kann doch meinen Chef nicht in die Pfanne hauen, schon gar nicht gegenüber Dritten. Es geht ja um das Wohl des Unternehmens, da muss ich doch loyal sein.«

Simone schaut mich fragend an, offenbar unsicher, ob ich sie gerade auf den Arm nehme. »Loyalität – ist das nicht dieses Ding, das auf Gegenseitigkeit beruht? Findest du, dass Christoph dir gegenüber loyal war?« Ich schüttle den Kopf. »Aber du findest, dass du ihn schonen musst? Und nicht mal ansprechen darfst, was er da gemacht hat mit dir? Spinnst du?« Simone ist laut geworden, sodass einige Frauen schon zu uns rüberschauen. Manche scheinen sich zu fragen, ob hier gerade die Solidarität zwischen zwei Schwestern vernachlässigt wird, aber wir schaffen es, sie mit Blicken und Gesten zu beruhigen. Dann stiere ich erst mal vor mich hin. Warum nur bin ich in meiner Wut nicht sofort zu Christoph gelaufen und habe ihn konfrontiert? So wie er es garantiert gemacht hätte – und zwar auch mit seinem Vorgesetzten. Warum dachte ich, ich müsse das aus Loyalität mit mir allein ausmachen – und meinen Frust erst zu Hause an Jens auslassen? Der irgendwann natürlich nach meinem Anteil an dem Problem fragte ... War dann echt ein harmonischer Abend.

Ich schaue Simone an. »Du hast recht. Ich dachte bisher immer, ich müsse so was einfach schlucken. Aber am Montag gehe ich zu ihm, gleich morgens.« Ich kriege sofort Angst vor meiner eigenen Courage: »Was, wenn er dann sauer ist? Wenn er meine Kritik zurückweist?« – »Dann weißt du wenigstens, woran du bist bei ihm. Er soll wissen, was er dir angetan hat. Auch emotional. Zwing dich nicht, cool zu bleiben. Er hat dich zum Heulen gebracht, das soll er gefälligst erfahren. Und wenn er dann nicht angemessen reagiert ... Gute Leute wie du werden doch überall mit Handkuss genommen, Stichwort Fachkräftemangel.«

KNACK DAS MUSS

Wenn dir Unrecht geschieht: Schluck es nicht runter und glaube nicht, in dieser Situation auch noch loyal sein zu müssen oder die Harmonie auf Teufel komm raus aufrechterhalten zu müssen! Hau auf den Tisch! Sofort! Und zwar mündlich und direkt – nicht mit einer angefressenen Mail oder Textnachricht. Das kostet zwar erst mal Überwindung (übrigens auch Männer), aber es muss dir nicht unangenehm sein, sondern denen, die dich übergangen oder dir deine Idee geklaut oder dir sonst was getan haben. Und lass es bitte nicht an anderen aus. Wenn dein Chef unfair ist: Stell den Chef zur Rede. Wenn deine Kollegin intrigant ist: Geh zur Kollegin. Andere können nichts dafür und sollten das nicht abbekommen.

MEIN CHEF (HEULSUSE)
ICH MUSS ... KONFLIKTE VERMEIDEN UND ANDERE SCHONEN

Simone hat mir Mut gemacht und mein Selbstbewusstsein wiederhergestellt. Als wir uns verabschiedet haben, fühlte ich mich stark. So als hätte ich Testosteron zu mir genommen statt Rhabarber. Trotzdem schlägt mein Herz bis zum Hals, als ich am folgenden Montag an Christophs Tür klopfe. Ich bin extra früher gekommen, um ihn garantiert allein zu erwischen. »Hast du einen Moment Zeit, Christoph? Ich muss etwas mit dir besprechen.« Während er weiter auf die vor ihm liegenden Papiere schaut, scherzt er leutselig: »Solange es keine Kündigung der besten Nummer zwei ist, die ich je hatte ...« Ich bin ausreichend geladen, um zu antworten: »Christoph, das hängt davon ab, wie unser Gespräch verläuft.« Mein Chef blickt verwirrt auf, und ich sehe, wie seine Körperspannung sich verändert. Allein die mehrfache Nennung seines Vornamens signalisiert ihm, dass es etwas Ernstes ist. Er macht sich verteidigungsbereit, sucht aber noch die Richtung, aus der der Angriff kommen wird. »Das Gehaltsgespräch hatten wir doch erst vor ein paar Wochen. Warst du nicht zufrieden?« Ich schüttle den Kopf und sehe ihn ungläubig an. »Du weißt wirklich nicht, worum es geht, oder?« Er zuckt hilflos mit den Schultern und ich sehe ein gewisses Flackern in seinem Blick. Vorsichtshalber stellt er den grünlichen Smoothie ein Stück weg, der vor ihm auf dem Tisch steht. Er bereitet sich auf eine unruhige Viertelstunde vor. Diese Situation der Ungewissheit ist ihm offensichtlich unangenehm. Soll mir recht sein. Ob er genauso ist, wenn sich zu Hause ein Streit mit seiner Frau anbahnt?

»Christoph, entgegen unserer Vereinbarung hast du mein Konzept für den Laubbläser letzte Woche selbst vorgestellt auf der Tagung. Und du hast es weder davor noch danach für nötig gehalten, mich darüber auch nur zu informieren. Geschweige denn, die Anwesenden darauf hinzuweisen, dass das im Wesentlichen meine Idee war. Ich finde das ausgesprochen unfair und bin nicht bereit, das auf sich beruhen zu lassen. Bitte erklär mir, wieso du dich so verhalten hast.« Uff! Das kam deutlich und ohne Gestammel rüber, wenn auch mit etwas brüchiger Stimme. Ein Punkt für mich. Aber nun schlägt mir das Herz bis zum Hals. Fliege ich jetzt fristlos raus? Oder brüllt er gleich los? Ich mag jedenfalls keine Konfrontationen, so viel steht fest. Und ich bin keine Simone.

Aber auch Christoph hat Stress, das sehe ich. Er sieht aus, als sei er zugleich völlig überrascht und ertappt worden. Die Augen gehen schnell hin und her – er sucht nach der nächstbesten Keule, mit der er meinen Angriff abwehren kann. Wie ein in die Enge getriebenes Tier. In mir macht sich plötzlich eine gewisse Ruhe breit – so wie im Zoo vor dem Tigergehege mit der superdicken Plexiglasscheibe. Ich beobachte ihn und zwinge mich, erst mal zu schweigen. Denn legt Christoph los: »Na ja, war das wirklich so verbindlich verabredet, dass du die Präsentation vorstellst? Ich erinnere mich nicht. Jemand aus dem Team sollte das machen. Gehöre ich deiner Meinung nach nicht dazu? Und überhaupt finde ich es etwas unkollegial, dass du diese Teamleistung als *dein* Konzept und als *deine* Idee darstellst. Wir sitzen doch alle im selben Boot hier. Abgesehen davon machst du so was doch gar nicht so gerne. Ich weiß noch, wie du mich mal gebeten hast, die drei Begrüßungssätze zu den Kollegen aus der Zentrale aufzusagen, die du durchs Haus führen solltest, weil du dich davor gefürchtet hast. So gesehen hab ich dir am Donnerstag doch eher einen Gefallen getan, als ich das neue Produkt einfach schnell selber vorgestellt habe. Spielt ja letztlich keine Rolle, wer da vorne steht. Ich wusste auch gar nicht, ob du überhaupt noch im Haus bist. Es war übrigens eine tolle Präsentation, das muss ich mal sagen. War ein Riesenerfolg. Und das ist ja die Hauptsache. Ach so, und dein Kürzel stand ja unten auf jeder Seite, da musste ich deinen Namen doch nicht noch extra erwähnen. Du stehst ja auch nicht so gerne im Mittelpunkt, oder? Ich wollte heute auch zu dir kommen und dir von der Tagung berichten. Bisher hatte ich nur einfach keine Sekunde Zeit dafür. Anne, du musst mich auch mal verstehen. Die Stimmung am ersten Tag der Tagung war miserabel – schlechte Zahlen und seit zwei Jahren keine Innovation, die eingeschlagen hat. Da war dein ... da war unser Laubbläser echt die Rettung.« Die letzten Sätze kommen fast weinerlich. Ihm ist selbst klar, dass er schon überzeugender argumentiert hat.

Ich lehne mich zurück und schaue ihn an. Ich bin selbst erstaunt von der Ruhe, mit der ich die Luft aus seinen wilden Verteidigungsversuchen und Ausreden herauslasse. »Christoph, die entscheidende Idee war von mir. Dafür hast du mich in der Teamsitzung gelobt, weißt du noch? Es war ein Faktor bei meiner Gehaltserhöhung und du selbst hast vorgeschlagen, dass ich diese Innovation präsentiere. Kannst du übrigens im Protokoll der Sitzung vom 2. April nachlesen. Dass ich mich seinerzeit vor dieser Begrüßung der Gäste gedrückt habe, ist wahr. Das ist aber vier Jahre her. Seither habe ich schon mehrfach vor größeren Gruppen gesprochen und präsentiert. Ist nicht meine Leidenschaft, aber ich tu's. Weiter: In der Präsentation habe ich die Rolle des Teams gewürdigt – auch diese kollegiale Geste hast du für dich vereinnahmt. Dass meine Initialen ganz klein auf jeder Folie stehen, ist wahr, doch bei allen, mit denen ich gesprochen habe, ist angekommen, dass die Innovation von *dir* stammt. Deshalb hat die Geschäftsführung am Freitag auch ausdrücklich dich gelobt in der Rundmail – nicht mich oder das Team. Es ist also keineswegs egal, wer da vorne steht. Ach so, und weißt du noch, wann du dir die Präsentation unter einem Vorwand bei mir geholt hast? Unmittelbar, bevor du sie dann gehalten hast. Ich *war* also im Haus, und das wusstest du.«

Christophs kämpferisch-trotzige Körperhaltung ist während meiner Antwort förmlich zerbröselt und er ist zu einem weinerlichen Schwächling mutiert. Mit erstickter Stimme sagt er: »Es tut mir leid, Anne. Ich habe am Dienstagmittag einen Einlauf von weiter oben bekommen: Wenn ich nicht umgehend etwas Durchschlagendes präsentieren würde, müsse man sich überlegen, ob die Abteilung eine andere Führung brauche. Ich war total unter Druck. Wir haben gerade ein Haus gebaut und Lena ist zum zweiten Mal schwanger.« Dann fängt er tatsächlich an zu heulen. Und ich – ich höre plötzlich Stimmen. In mein rechtes Ohr flüstert Maja: »Du musst ihn trösten. Der arme Kerl steht so unter Druck. Du hast ihn viel zu hart rangenommen. Sei doch mal einfühlsam.« Und im linken Ohr höre ich Simone: »Du bist hier, weil er dich verletzt und verarscht hat. Denk an dich. Du bist nicht dafür verantwortlich, dass er sich wieder besser fühlt.« Ich wähle, wie so oft, den Mittelweg. Mit einer Stimme, die zwischen warm und kühl hin- und herwechselt, sage ich: »Es tut mir leid, dass du so unter Druck stehst. Aber die Art, wie du darauf reagiert hast, war nicht in Ordnung. Ich erwarte, dass du auf die Lobes-Mail der Geschäftsführung noch heute mit einer Mail an alle reagierst, in der du den Anteil des Teams an der Erfindung betonst und speziell mir für die Vorbereitung der Präsentation dankst. Das dürfte deutlich genug sein, ohne deine Position zu gefährden. Und ich verlange eine Aktennotiz von dir, in der du dich entschuldigst und mir zusicherst, dass meine Leistungen künftig durch mich präsentiert werden. Und jetzt putz dir die Nase ... und benimm dich wie ein Mann.« Damit entschwinde ich aus seinem Zimmer. Draußen wird mir trotzdem heiß und kalt. Brauch ich nicht immer, so was, ich mag Harmonie irgendwie doch lieber.

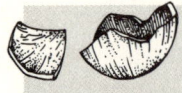# KNACK DAS MUSS

Für ein klärendes Konfliktgespräch solltest du dich gut vorbereiten – alle Fakten müssen sitzen und präsent sein. Und dann versuch, Ruhe zu bewahren. Das ist wichtig! Ruhig und kühl ist besser als schrill und zitternd. Mach kurze, klare Sätze und lass Pausen für Erwiderungen. Tränen sind manchmal nicht vermeidbar, kein Problem! Aber setze sie nicht als taktisches Mittel ein, das ist nicht ratsam. Vor allem Männern sind emotionale Situationen oft unangenehm. Sie wehren dann alles ab, was damit zusammenhängt. Achtung bei Ausflüchten und Ablenkungsmanövern (»Und was ist mit ...?«)! Die solltest du entweder ignorieren oder ruhig als solche benennen und so vom Tisch nehmen. Und lass dich nicht durch Selbstmitleid einwickeln, gerade bei Frauen wird das gerne versucht. Immer daran denken: Am Ende solltest du eine klare Forderung formulieren und bei mündlichen Zusagen darauf bestehen, dass sie schriftlich bestätigt werden. Notfalls schreibst du selbst eine Aktennotiz: »Ich freue mich, dass wir uns im heutigen Gespräch darauf geeinigt haben, dass ...« Dann ist es in der Welt und kann nicht mehr nachträglich geleugnet werden.

BALLONFAHRT STATT TOPFSCHLAGEN

ICH MUSS ... MEINEN KINDERN DAS NONPLUSULTRA BIETEN

Heute ist wieder unser Frauenfrühstück. Maja strahlt uns an, als sie die Tür öffnet. Wie immer rotwangig und heute auch wieder perfekt frisiert und geschminkt. Auch die Kleidung: nirgends ein Fleck oder eine Falte. Und in ihrer Wohnung sieht es mal wieder aus, als sei die sechsköpfige Putzkolonne gerade vor einer Minute raus. Geradezu gespenstisch. Ein kleiner Dämon, dessen Stimme erstaunlich der meiner Mama ähnelt, pflanzt mir kurz die Frage ins Hirn, ob ich eine schlechte Hausfrau bin, weil es bei uns nie so aussieht. Doch spätestens als Simone sich einen zweiten Küchenstuhl schnappt und ihre Füße mit den klobigen Stiefeln darauflegt, verscheuche ich den Kobold. Etwas in mir will sich kurz empören über diese Respektlosigkeit gegenüber Majas hausfraulicher Leistung, aber als ich merke, dass Maja selbst überhaupt nicht reagiert, schiebe ich auch das weg. Komisch übrigens, dass Maja nicht wenigstens streng guckt. Normalerweise würde sie jetzt mit einem kleinen Vorwurf im Blick ein – exakt gebügeltes – Küchenhandtuch unter Simones Stiefel legen. Aber heute wirkt sie abgelenkt und schielt immer wieder in Richtung Küchenschrank, wo mehrere aufgeschlagene Kochbücher liegen. Daneben stehen etwa zehn kleine, edel aussehende Metallboxen. »Bist du irgendwie gestresst?«, frage ich sie besorgt. Ich registriere, dass etwas in mir fast darauf hofft, dass sie endlich mal »Ja« sagt auf diese Frage und damit zugibt, dass sie kein Roboter ist.

»Ach, was heißt gestresst ...« Maja bemüht sich um ein breites Lächeln, aber das geht ziemlich schief. Und als sie dann auch noch versehentlich ihr Saftglas umstößt, ist es um ihre Fassung geschehen. Sie schreit kurz und heftig »Scheiße, verdammte!« und bricht dann in Tränen aus. Simone und ich schauen uns ratlos an. So kennen wir unsere Maja gar nicht. Ich nehme sie in den Arm. »Was ist denn los? Was macht dich denn so fertig?« Maja macht sich los. »Ach, nichts! Es geht doch nur um einen blöden Kindergeburtstag.« Simone reißt entgeistert die Augen auf. »Ein Kindergeburtstag? Wer feiert denn?« Maja schnauft: »Na, Antonie wird morgen sieben. Und am Samstag ist die Feier.« – »Ja, und? Ein Rührkuchen, 'ne Runde Topfschlagen, einmal Eierlaufen und ein paar Luftschlangen – das ist doch jetzt nicht die Welt, oder?«

Ich lege ihr die Hand auf den Arm. »Simone, diese Zeiten sind leider vorbei, das weiß ich von Kolleginnen. Kindergeburtstage sind heute Großevents. Und die Angst der Mütter vor dem Versagen ist gewaltig.«

Simone holt bereits Luft, aber bevor sie zu einem gesellschaftskritischen Vortrag ansetzen kann, gehe ich dazwischen. Ich spüre, dass Maja das jetzt überhaupt nicht gebrauchen kann. »Was plant ihr denn?« und korrigiere mich schnell: »Ich vermute mal, Dirk ist eher nicht so beteiligt. Also: Was planst du denn?«

Maja zuckt mit den Schultern: »Die Kinder werden alle mit einer Stretch-Limo zu Hause abgeholt und zur Wiese beim Stadion gebracht. Da startet dann ein Ballonflug.« – »Fahrt!« grätscht Simone dazwischen. »Hä?« Maja ist irritiert. »Was hab ich denn jetzt schon wieder falsch gemacht?« Man merkt, dass sie abermals mit den Tränen kämpft. Extrem dünnes Nervenkostüm gerade. Simone winkt ab. »Man sagt Ballon*fahrt*, nicht Ballon*flug*. Ist aber egal.«, murmelt sie. Ich funkle sie an: »Genau! Völlig egal! Simone, ich weiß, das trifft dich jetzt hart, aber manchmal bist du wie mein Mann. Der ist auch in der Freizeit Lehrer und korrigiert einen ständig.« Damit ist Simone erst mal ruhiggestellt. Ich wende mich wieder Maja zu. »Also, der Ballon-

flug.« Demonstrativ schaue ich Simone an, die verlegen grinst. »Das ist ja … klasse für die Kinder.« – »Findest du?« Maja freut sich und nimmt ihren Erzählfaden eifrig wieder auf. »Und wir haben einen Clown mit an Bord. Unterwegs bekommen die Kinder die individuelle Proviantbox, die ich gerade vorbereite, und kleine Geschenke. So Elektronikkram. Nach der Landung gibt es noch eine Autogrammstunde mit so einer Influencerin und dann geht's wieder nach Hause mit der Stretch-Limo.«

In der Küche herrscht erst mal bleischwere Stille. Simone und ich suchen nach diplomatischen Formulierungen für unsere Fragen. Aber wir haben beide Schnappatmung.

Simone fragt zögernd. »Haben die anderen Kinder auch alle Geburtstag?« Maja ist verwirrt. »Hä? Wieso?« – »Na, weil die Geschenke kriegen. Ich dachte, Geschenke kriegt nur das Geburtstagskind.« Ich gehe dazwischen. »Oh, Mensch, Simone, du bist wirklich nicht mehr auf dem Laufenden. Das ist leider normal heute. Aber …« – ich wende mich Maja zu – »… ist das nicht extrem aufwendig?« Maja zuckt mit den Schultern. »Ja, vielleicht. Aber Antonies sechster Geburtstag war sooo ein Reinfall. Ein Albtraum! Wir waren erst im Zoo, dann im Kino und Eis essen, aber die anderen Kinder haben die ganze Zeit nur gemault und erzählt, bei wem es viel besser war und so was.« Zum Glück weiß ich aus Majas früheren Erzählungen, dass es nicht *alle* Kinder waren und auch nicht die ganze Zeit, und weise sie sanft darauf hin. Aber sie ist echt verzweifelt: »Es waren aber die beiden Mädchen, die in der Klasse das Sagen haben. Und danach haben die beiden unserer Toni erklärt, dass sie nicht mehr ihre Freundin sein darf, weil der Geburtstag so langweilig war. Sie war wochenlang verzweifelt und wollte nie mehr zur Schule gehen. Das müssen wir jetzt wieder gutmachen.«

Simone gibt die Diplomatie auf: »Ihr kauft eurer Tochter also Freunde. Darf ich fragen, was der Spaß kostet?« Maja schaut zu Boden und flüstert tonlos: »Sechstausend.« Mir weicht alle Farbe aus dem Gesicht. So schlimm habe ich es mir nicht vorgestellt. Wenn das Kindergeld nicht mal dafür reicht, einen Geburtstag auszurichten, muss ich mir das noch mal überlegen mit der Familiengründung.

»Organisiert ihr das alles selbst, dieses Riesenprogramm?«, frage ich. »Nein, dafür gibt es so Agenturen. Ich muss nur die Proviantboxen machen. Aber allein das ist die Hölle.« – »Wieso denn das?« Simone haut wieder einen raus. »'N Keks, 'n Apfel und ne Möhre – fertig.« – »Das denkst auch nur du! Es muss das Beste vom Besten sein, weil die anderen Mütt... – Eltern ja ständig Angst haben, man wolle ihr Kind vergiften. Und vor allem ist alles verboten, was Kinder mögen. Also für sechs der zehn Boxen keinerlei Zucker. Zwei haben Laktoseintoleranz. Drei sind vegan, meinen die Eltern. Ich muss am Samstag früh noch zum Bioladen und hoffe, dass das ungespritzte Gemüse auch schön knackig ist, sonst essen die verwöhnten Bälger es ja nicht. Und drei haben angeblich eine Gluten-Unverträglichkeit, deshalb gibt's weder Kekse noch Kuchen. Drei von zehn! Dabei haben in der Bevölkerung gerade mal 0,3 Prozent eine Zöliakie.« Da kommt jetzt die medizinisch-technische Assistentin in Maja durch. Sie arbeitet halbtags in einer Arztpraxis. »Ich glaube, viele Eltern denken, dass die Industrie dem Mehl einen Giftstoff namens Gluten beimengt. Die wissen gar nicht, dass das ein normaler Bestandteil des Weizens ist. Eine sagt sogar statt ›Gluteeen‹ immer ›Gluuuten‹, so als habe das was mit Feuer zu tun. Null Ahnung, aber hundert Prozent Panik. Besorgte Mütter sind echt die Pest!« Maja kotzt sich jetzt richtig aus. Da muss Simone gleich mal ordnend eingreifen. »Wir sollten uns nicht auf die Frauen einschießen. Der Skandal ist doch, dass Mütter gezwungen werden, sich in diesen absurden Wettbewerb zu begeben.« Mich reitet ein Teufelchen: »Gezwungen? Von wem eigentlich? Maja, sind es eher die Väter oder die Mütter in Antonies Klasse, die diesen Wettbewerb austragen?« – »Die Mütter natürlich«, schnieft sie. »Den Vätern ist das doch alles völlig egal.« Und das scheint mir das eigentliche Problem zu sein. Die

Väter halten sich raus – wie immer. Sie nehmen mit verblüffender Selbstverständlichkeit an, dass das ganze Vorbereiten, Planen, Verabreden, Bedenken, Berücksichtigen, Backen, Basteln, Trösten und so weiter Müttersache ist.

Ich muss unweigerlich an einen Streit mit Jens denken, den wir mal wegen seines Patensohns David hatten. Müssen wir Frauen uns wirklich um alles kümmern und an alles denken? Können wir das nicht mal den Vätern übergeben? Wenn dann keine Feier zustande kommt, sollen die Kinder ihre Enttäuschung bei den Vätern abladen. Wir Frauen müssten diese sich anbahnende Enttäuschung dann »nur« ertragen lernen, ohne die Sache im letzten Moment doch noch in die Hand zu nehmen. Irgendwas würde sich mit der Zeit schon entwickeln, wenn Kindergeburtstage Vätersache wären. Die Feiern sähen sicher anders aus und wären niemals perfekt. Weder glutenfrei noch vegan und am Ende wären alle Klamotten dreckig. Aber vielleicht würde das eine Abrüstungsspirale einleiten, die allen guttäte?

 ## KNACK DAS MUSS

Druck und Versagensangst – wer kennt das nicht? Aus dem Job, von Prüfungen, manchmal auch aus dem Sport. Aber wenn es um Privates geht? Um ein bisschen Spaß für zwei Handvoll Kinder? Natürlich macht Kinderkummer wegen mobbender Mitschülerinnen und Mitschüler liebevolle Eltern extrem erpressbar, aber ist das wirklich Tausende von Euro und den Mordsstress wert? Wenn also die Latte mal wieder viel zu hoch gelegt wird: Spazier einfach drunter durch! Unterlauf die Erwartungen! Plane mit deinen Kindern einen Kindergeburtstag nach bescheidener alter Art. Wenn du die Überzeugung ausstrahlst, dass genau das etwas Besonderes ist, werden deine Kinder dir folgen. Außerdem werden viele der kleinen Gäste ein paar altmodische Bewegungs- und Tobespiele im Stadtpark viel mehr mögen als »Events«, bei denen sie still sitzen müssen. Ihr macht die Party ja hoffentlich, um den Kindern Spaß zu bereiten – und nicht, um deren Eltern zu beeindrucken. Und selbst wenn die Kinder ein bisschen enttäuscht sind – besser als der ständige Zwang zum Perfektionismus und zum Immer-Mehr ist das allemal. Vor allem aber: Lade dir nicht alles allein auf! Sprich mit dem Vater der Kinder und frag ihn, was er sich für seine Kinder wünscht. Dann nimm ihn beim Wort und verlange, dass er die Hälfte der Arbeit übernimmt.

«FÜR MICH NUR EINE KLEINE PORTION, BITTE!»

ICH MUSS ... IMMER BESCHEIDEN SEIN

So richtig Spaß macht es mir ja nicht mehr, Jens etwas zu unserem Kennenlern-Tag zu schenken. Ich bringe ihn damit nämlich regelmäßig in Verlegenheit, weil er natürlich nicht daran denkt. So beginnt der Tag seit Jahren stets mit einem Frusterlebnis für beide. Aber ich kann nun mal nicht aus meiner Haut. Ich habe das Datum im Kopf und mache mir schon Tage vorher Gedanken. Wenn ich es auch vergäße oder ihm sogar ganz bewusst nichts schenken würde, gäbe ich unsere Beziehung ja praktisch auf. Ich bin nun mal besser in Beziehungspflege, also muss ich diesen Part übernehmen, oder? Außerdem nagt natürlich immer der Gedanke an mir, dass Jens ja vielleicht doch mal dran denkt, etwas zu besorgen. Ich bin sicher, dass ich mich dann viel mehr und länger dafür schämen würde, nichts zu haben, als er. So sind wir Frauen eben, nicht wahr?

Also habe ich auch heute etwas für ihn. Dafür bin ich ziemlich heftig über meinen Schatten gesprungen: Im blümchenverzierten Umschlag (den er sofort zerfetzt hat, ohne die Deko zu bemerken) stecken zwei Karten für den neuen James-Bond-Film. Für Freitag. Alleine hätte ich mir den Film sicher nicht ausgesucht, aber es soll ja ein Liebesbeweis sein, dass ich ihn begleite. Außerdem habe ich das Gefühl, dass ich in Sachen Film noch etwas gutzumachen habe bei ihm.

Ganz zu Beginn unserer Beziehung, als man noch alles wissen wollte vom anderen und alles toll oder zumindest niedlich fand, haben wir uns gegenseitig ausgefragt nach Lieblingsbuch, Lieblingsband, Lieblings-Urlaubsort und so weiter. Und beim Thema »Lieblingsfilm« leuchtete sein Gesicht plötzlich auf, als er versonnen sagte: »Ganz klar *Spiel mir das Lied vom Tod* von Sergio Leone. Krönung und Abschluss des klassischen Western-Genres. Einfach nur genial. Eigentlich ist es ein Ballett zur Musik von Ennio Morricone. Kennst du den Film?« In meinem Kopf ratterten blitzschnell die Synapsen. Sollte ich sagen, dass ich ihn kenne und total öde finde? Aber dann hätte ich dazusagen müssen, dass es auch der Lieblingsfilm meines letzten Freundes ist. Seines Vorgängers. Das würde sicher schlechte Stimmung machen. Also log ich – was er natürlich nicht bemerkte: »Nee, kenn ich nicht. Hab nur davon gehört. Ist eher so ein Jungsfilm, oder?« Das Letzte überhörte er völlig und sagte strahlend: »Dann zeige ich ihn dir, gleich heute Abend! Ich hab ihn auf DVD. Die ungeschnittene Fassung natürlich. Du wirst begeistert sein!« Ich heuchelte Vorfreude – und es kam wie beim ersten Mal: Nach etwa einem Drittel war ich fest eingeschlafen. Am nächsten Morgen war seine Enttäuschung noch zu spüren. Mit mühsamer Selbstironie sagte er: »Es ist vielleicht wirklich ein Jungsfilm. Du bist schon die dritte Freundin, mit der ich ihn gucken wollte und die einfach eingepennt ist.« Dass er mir damit den Pikser verpasste, den ich ihm extra erspart hatte, raffte er gar nicht. Doch weil ich so schön angepikst war, stach ich jetzt auch mal zurück: »Ich finde den Film brutal und furchtbar machohaft. Und entsetzlich langweilig. Da passiert ja nix. Aber dass Männer ihn mögen, wundert mich nicht. So eine schöne Hure wie Claudia Cardinale, die sich widerspruchslos den Arsch tätscheln lässt, ist wohl eine Lieblingsfantasie von euch.« Der Tag war natürlich gelaufen. Jens war so tief verletzt, als habe er den Film selbst gemacht. Ich wiederum hatte das Gefühl, dass die Reaktion auf das Lied vom Tod für ihn eine Art Eignungstest für neue Freundinnen war. Nur die, die den Film mochten, würden in den Kreis seiner Kumpel aufgenommen. Da war ich also gerade noch drum rumgekommem. Uff!

Nun also tätige Reue mit James Bond. Jens schaut mich wie immer betreten an, als er mein Geschenk sieht. Aber nur kurz. Heute hat er mich reingelegt. Er beugt sich aus dem Bett und zieht unter dem Fußläufer ein DIN-A4-Blatt hervor. Darauf steht mit Arial in Schriftgröße 12 (Standardeinstellung): »Gutschein für ein schickes Essen im Savoy am Samstag. Kuss, Jens«. Aber sehen wir das Positive: Er hat den Tag nicht vergessen und er hat sich was überlegt. Ich gebe ihm zum Dank einen Kuss und nehme seine Hand. »Zwei Abende nacheinander machen wir was zusammen. Ich freu mich!« – »Und ich mich erst! James Bond ist geil. Für dich auch?« Ich mache eine vage Bewegung mit den Schultern, was völlig ausreicht, um seine Euphorie oben zu halten. »Wir lassen es uns richtig gut gehen an den beiden Abenden, ja? Versprich mir, dass wir mal nicht aufs Geld schauen und nicht an Kalorien denken. Deal?« Ich muss lachen und ergänze: »Und nicht an Nachhaltigkeit und bio und so. Deal! Hoffentlich sieht uns niemand von der Ini mit den ganzen Wegwerfverpackungen im Kino.« – »Oder mit dem Steak im Savoy«, grinst Jens.

Jetzt sitze ich also vor der Speisekarte – und bin überfordert. Entscheiden ist sowieso nicht so meine Stärke. Außerdem habe ich jetzt schon Angst vor der Nachtisch-Frage. Beim letzten Essengehen, als ich mal wieder geantwortet habe: »Für mich bitte keinen, ich probier dann mal bei dir« hat Jens sich mit mühsam aufrechterhaltener Munterkeit zum Kellner gedreht und gesagt: »Dann bringen Sie mir bitte zwei Portionen Tiramisu statt einer. Wenn sie bei mir ›mal probiert‹, ist mein Dessert nämlich immer weg.« Der Kellner hat wissend gegrinst, aber Jens' unterdrückte Aggression war deutlich zu spüren. Das war mir total peinlich. Aber jetzt beschäftigen mich erst mal die Preise hier. Jens hat zwar schon mehrfach gesagt, dass er mich einlädt und dass das Geld heute keine Rolle spielt. Er hat auch wieder den müden Scherz seines Vaters bemüht, dass die früher üblichen speziellen »Damen-Speisekarten«, in denen keine

Preise standen, doch gar nicht so schlecht gewesen seien für uns Frauen. Aber seine Ermutigungen sind leiser als die Stimme *meines* Vaters in meinem Ohr. Der hatte sein eigenes Wort für Situationen, in denen er Wünsche von uns Kindern als maßlos empfand. Dann sagte er mit einem Ausdruck größter Enttäuschung zu uns: »Ihr seid ausverschämt!« Unverschämt schien dann nicht zu genügen. Ich erinnere mich auch, dass meine Mutter sehr viel strengere Maßstäbe an *meine* Bescheidenheit angelegt hat als an die meiner beiden Brüder. Kam ich mit zwei Kugeln Eis statt einer von der Eisbude, erntete ich ein vorwurfsvolles Kopfschütteln von ihr. Balancierten meine Brüder hingegen jeweils *drei* Kugeln auf der Waffel, folgte allenfalls ein nachsichtiges Schmunzeln. Jungs eben. Müssen ja auch groß und stark werden. Aber die Tochter muss auf ihre Linie achten, sonst kriegt sie keinen Mann. Bescheidenheit ist offenbar vor allem eine weibliche Zier.

All das dröhnt in meinem Kopf, als der Kellner sich nähert, um die Bestellung aufzunehmen. Ich entscheide mich hektisch für irgendwas: »Die Tagliatelle mit Shrimps, bitte.« Die kosten 18 Euro, weshalb ich mir schon ziemlich ausverschämt vorkomme. Eigentlich habe ich nur mittelgroße Lust auf die Nudeln, die kann ich mir ja auch zu Hause machen. Jens schaut mich kurz prüfend an – und bestellt dann frohgemut. »Zuerst mal gerne noch was von dem knusprigen Brot. Ist schon alle. Und so köstlich. Und dann für mich vorweg die Krabbensuppe, und dann das Steak, bitte. Medium.« Rumms! Am Steak war mein Auge auch mehrfach hängen geblieben, aber nach einem Blick auf den Preis hatte ich mich davon verabschiedet. 46 Euro. Das sprengt doch jeden Rahmen, dachte ich. Sieht Jens offenbar nicht so.

Wieso nur mache ich mir solche Gedanken? Ich hatte doch auch Lust auf ein Steak. Oder auf den Loup de Mer, der auf einer handgemalten Tafel angepriesen wird – mit der vagen Preisangabe »€ 17,50 / 100 g«. Und eine Vorspeise oder Suppe mag ich auch immer sehr. Warum bestelle ich es mir dann nicht? Warum finde ich es immer noch normal, Jens automatisch das größere Stück auf den Teller zu legen, wenn sich das Essen zu Hause nicht gleichmäßig aufteilen lässt? Warum habe ich gestern Abend im Kino Jens geholfen, seine Riesenportion Popcorn, sein Bier, seinen halben Liter Cola und seine Großpackung M&Ms in den Kinosaal zu balancieren, während mein Eiskonfekt locker in meine Jackentasche passte? Woher kommt dieser Zwang zur Bescheidenheit in jeder Lebenslage? Ich hatte doch auch Lust auf Nachos. Und Weingummi. Während des Films habe ich ihm dann seine halbe Cola weggetrunken. Und hatte die Hand dauernd in seinem Popcorn-Eimer.

Jetzt kommt der Kellner schon wieder. »War alles in Ordnung?« Jens sagt: »Also, mein Steak war perfekt, und die Krabbensuppe ebenso. Aber die Tagliatelle meiner Freundin – also die waren erstens höchstens lauwarm und zweitens hat der Koch es sehr gut gemeint mit dem Salz. Zu gut. Ich hab selbst probiert.« Der Kellner schaut mich betroffen an – und ich bin wütend. Auf Jens. Klar habe ich ihm gesagt, dass die Nudeln total versalzen waren – aber doch im Vertrauen! Nicht, damit er mich hier bloßstellt. Ich weiß, er meint es gut, aber es ist mir so peinlich, hier jetzt im Mittelpunkt zu stehen. Ich kriege schon wieder rote Hektikflecken im Gesicht, das spüre ich. Und das nur wegen ihm. Also, ich würde nie so unhöflich über ein etwas zu salziges Essen meckern wie Jens.

Als ich merke, dass der Kellner mir gar nicht böse ist, beruhige ich mich. Vielleicht hat er ja sogar gefragt, damit ich ihm diese Panne mitteile? Er erspart mir höflich die Frage, warum ich das nicht sofort reklamiert habe, und sagt stattdessen: »Wir würden das gerne mit einer Nachspeise auf Kosten des Hauses wiedergutmachen. Was darf ich Ihnen bringen?« Jens klopft sich auf den Bauch: »Tut mir leid, ich bin pappsatt. Das Steak war echt groß. Ich hätte wohl weniger von dem Brot mit den Dips naschen sollen, aber die waren einfach zu lecker.« Stimmt –

der Kellner musste sogar zweimal Brot nachbringen, und das ging vor allem an Jens. »Aber du, Schatz?«, fragt er. »Du magst doch Tiramisu so gerne. Oder Crème brulée. Was meinst du?« Aus einer plötzlichen Tollkühnheit heraus und mit einem grandiosen Gefühl von Freiheit und Abenteuer wende ich mich dem Kellner zu und sage: »Ich nehme beides! Und einen Grappa. Den guten, bitte.«

KNACK DAS MUSS

Überraschung: Beziehungsarbeit ist nicht allein Frauensache! Auch dein Partner muss etwas tun für eure Beziehung. Sag tschüss zur Vorstellung, dass er schon merken wird, woran es bei ihm mangelt, wenn du es ihm geduldig immer wieder vorlebst. Wird er nicht. Die meisten Männer verstehen nur dann, was frau von ihnen will, wenn sie es ihnen sagt. Und zwar nicht »durch die Blume«, sondern im Klartext. Und dann noch was: Nimm dir, was dir zusteht. Dass Frauen bescheiden sein müssen, ist eine Erfindung früherer Jahrhunderte. Du benutzt ja auch nicht mehr Waschtrog, Plumpsklo und Tranfunzel. Wenn eine Dienstleistung nicht in Ordnung ist: Sag es! Beschwer dich! Freundlich, aber bestimmt. Das ist besser, als deinen Partner als »Außenminister« einzuspannen und ihm danach womöglich auch noch böse zu sein, weil dir die Situation peinlich ist.

»ICH BRAUCHE KEINEN KALENDER, ICH HAB JA MEINE FRAU.«

ICH MUSS ... IMMER WISSEN, WAS AN- UND RUMLIEGT

Eigentlich wollte ich noch länger die Klappe halten, aber die eine Woche war schon schwer genug. Ich musste mir mehrmals am Tag auf die Lippen beißen.

»Sag mal, Jens?« – »Hmmm?« Das ist sein abwesendes Sudoku-Brummen. War ja klar. Wie jeden Morgen haben wir uns mit dem Kaffee, den er uns noch schlaftrunken gemacht hat, noch mal ins Bett gelegt, um entspannt in den Tag zu starten. Einer der Vorteile, wenn man keine Kinder hat. Das Problem ist: Einen entspannten Morgen definieren wir völlig unterschiedlich. Jens hat wie immer geschlafen wie ein Murmeltier, ist vom Wecker wach geworden und hat noch keinerlei Lust zu reden. Er will stattdessen ein Sudoku lösen. Höchste Schwierigkeitsstufe natürlich. Müsste ich mich eigentlich auch mal mit diesem japanischen Zahlenkram beschäftigen? Mir kommt es so sinnlos vor, leere Kästchen auszufüllen und das Ergebnis anschließend wegzuschmeißen ... Ihn aber scheint es zu befriedigen, wenn alle Zahlen drin sind und alles stimmt. Dann springt er dynamisch aus dem Bett und ist zufrieden mit sich und der Welt. Doch wehe, er kriegt es nicht hin oder baut einen Fehler. Das ist für ihn eine kränkende Niederlage – was man seiner Laune dann deutlich anmerkt. Also soll er bloß konzentriert sein Sudoku machen. Dass man sich dabei nicht unterhalten kann, finde ich trotzdem schade. Denn ich will morgens reden. Ich bin nämlich schon seit fünf Uhr wach und höre frustriert den tiefen Atemzügen und gelegentlichen Schnarchern meines

Noch-nicht-Ehemanns zu. Währenddessen gehen mir natürlich tausend Dinge durch den Kopf, die ich jetzt schleunigst loswerden möchte. Der merkwürdige Traum von der Himalaja-Wanderung mit meiner Schwiegermutter und einem ständig blökenden Schaf. (Das war sicher Jens' Schnarchen.) Dass wir mal wieder umräumen sollten. Und renovieren. Ob die Präsentation für nachher im Büro wirklich auf dem richtigen Laufwerk liegt. Was wir übermorgen Abend kochen könnten. Ob das Urlaubsquartier, das wir gebucht haben, wirklich das Optimale ist. Ob meine Kollegin neuerdings was gegen mich hat. Was ich wählen will, wenn das nächste Mal Wahlen sind. Ob die nächste 60-Grad-Wäsche schon wieder fällig ist. Dass Japan weiterhin Wale fängt. Wann das Angebot für den neuen Kunden fertig sein soll – war das etwa heute?!? Es ist, als klebten an der Innenseite meines Schädels Hunderte von Post-its. Und je länger die da unerledigt und unbesprochen hängen, desto genervter bin ich. Deshalb hole ich jetzt zum seit einer Woche aufgesparten Schlag aus: »Weißt du eigentlich, wer heute vor einer Woche Geburtstag hatte?« – »Hm? Keine Ahnung.« Jens taucht nicht vollständig auf aus der Tiefe seines Quervergleichs zwischen zwei senkrechten Reihen. Er jongliert gerade im Kopf mit zwei oder drei »Wenn-dann«-Überlegungen und hat Angst, dass alles weg ist, nur weil er ein Gespräch dazwischenschiebt. Aber ich bin jetzt unerbittlich. »Na, David.« – »Hä? Welcher David?« Ich fasse es nicht! Ich dachte, er fällt vor Schreck aus dem Bett – stattdessen knabbert er an seinem Stift und starrt auf seine Quadrate. »David! Dein Patensohn! Der Sohn deines besten Freunds!« Jens lässt endlich sein Rätselheft sinken. »Ach, das ist ja blöd. Ich dachte, du erinnerst mich rechtzeitig. Hast du doch immer gemacht.« Er sagt das völlig arglos – und merkt nur an meiner Schnappatmung, dass er gerade ins Fettnäpfchen getreten sein muss. Wieso, weiß er aber immer noch nicht. Ich beherrsche mich mühsam, um nicht zu schreien. »Willst du mir sagen, dass du dich nicht mehr erinnerst an das Drama im

letzten Jahr? An unseren Krach wegen Davids 11. Geburtstag?«
Ganz langsam scheint eine Erinnerung in ihm aufzusteigen, und
seine Gesichtsfarbe wird um zwei bis drei Stufen blasser.

*Rückblende: Vor einem Jahr und acht Tagen habe ich Jens
beim Frühstück gefragt: »Sag mal, hat morgen nicht David Geburtstag?« – »Welcher David?« – »Jens, dein Patensohn! Der
Sohn deines besten Freunds!« – »Ach, das ist jetzt schon wieder? Oh, Mist! Schatz, ich hab doch jetzt gleich meine Dienstreise. Kannst du nicht kurz was besorgen und 'ne Karte von mir
dazu schreiben? Und es dann schnell zur Post bringen?« – »Nee,
du, tut mir leid. Ich habe auch einen wichtigen Termin heute,
und nachmittags bin ich mit Maja und Simone verabredet. Das
musst du schon selbst machen.« Jens wurde hektisch: »Ach,
dann … kriegt er eben nix zum Geburtstag. Und dafür Weihnachten ein richtig großes Geschenk.« – »Tsss! Das glaubst du
doch selbst nicht! Letzte Weihnachten hast du ihn doch auch
vergessen …«, bemerkte ich spitz. »Wann gibst du solche Termine endlich mal in dein Smartphone ein, statt dich immer auf
mich zu verlassen?« Mit einem Blick, der gleichzeitig zum Herz-
erweichen und zum Aus-der-Haut-Fahren war, sah Jens mich an
und murmelte kleinlaut: »Ich weiß doch nicht, wie das geht.« Da
blieb mir wirklich die Spucke weg. Mein Jens, der Smartphone-
Junkie, der immer das neueste Modell hat und jede App kennt,
die jemals ersonnen wurde, weiß nicht, wie man die Erinne-
rungsfunktion des Kalenders benutzt? Diese geistige Faulheit
macht mich wahnsinnig.*

Das Drama ging damals noch weiter, als Jens längst auf seiner Dienstreise war: Weil mir der kleine David zu sehr leidtat,
sagte ich meinen Freundinnen ab – ich müsse ein vergessenes
Geschenk besorgen, einpacken und verschicken. Aber Simone
genügte diese Info natürlich nicht. Abends rief sie mich an und
wollte genau wissen, für wen das Geschenk war, so als habe
sie etwas gerochen. Als sie begriff, dass ich unseren Freundin-
nen-Nachmittag geopfert hatte, um den Patenonkel-Arsch von

Jens zu retten, ist sie stinksauer geworden. Auf Jens – und auf mich. »Natürlich tut mir so ein Kind auch leid, das von seinem Patenonkel nichts zum Geburtstag kriegt – sogar, wenn es ein Junge ist. Aber es ist verdammt noch mal nicht dein Job, diese Trauer zu verhindern. Es geht um Jens' besten Freund und um Jens' Patenkind und um Jens' Angewohnheit, sich auf dich zu verlassen. Das ist nicht deine Aufgabe!« Sie hat mir das Versprechen abgenommen, Jens in diesem Jahr *nicht* an Davids Geburtstag zu erinnern. Was ich geschafft habe. Ich könnte eigentlich stolz sein auf mich, aber was empfinde ich stattdessen? Schuldgefühle. Weil David kein Geschenk bekommen hat. Und weil Jens sich jetzt schlecht fühlt und ich hätte das verhindern können. Oder müssen? Ob ich Maja mal frage, wie sie das sieht?

»Anne?!« Jens klingt nervös. Kein Wunder – er muss dringend los. Ihm ist vorhin wieder eingefallen, dass er heute um neun eine Besprechung mit seinem Schulleiter und jemandem vom Schulamt hat. Da war das mit dem entspannten Sudoku wohl ein Fehler. Ein bisschen hatte ich mich schon gewundert, aber ich bin davon ausgegangen, dass er ausnahmsweise morgens noch weiß, was er abends in seinem Kalender gesehen hat. Im Bad hat er nur fünf Minuten gebraucht, aber jetzt sucht er zunehmend hektisch etwas. »Wo. Hast. Du. Wieder. Meine. Schlüssel. Hingetan?!« – »Nirgends«, antworte ich. Seine Vergesslichkeit nervt mich, genauso wie seine Unterstellung. Daher schiebe ich zuckersüß hinterher: »Wäre die Frage nicht eher, wo *du* sie gestern hingelegt hast?« –»Na, auf die Kommode hier, wie immer. Gleich beim Reinkommen. Genau hier! Und dann hat sie jemand weggenommen!« Jemand – na toll. Wer das wohl gewesen sein soll? Ich stelle mich mit verschränkten Armen in die Wohnzimmertür. »Oder du warst gestern noch mal weg.« – »Weg? Gestern Abend? Ach, Quatsch! Das wüsste ich doch!«, schnauzt er. Seine Bewegungen beim Suchen werden immer fahriger, und als er beim Umdrehen gegen das zusammengeklappte Bügel-

brett stößt und beim Versuch, es festzuhalten, die dahinter ste-
hende Leiter gleich mit umreißt, weiß ich, dass es nicht mehr
weit ist bis zu einem ausgewachsenen Jähzornwutanfall. Da ich
darauf keine Lust habe und weil mein verdammtes Fürsorge-Gen
mal wieder siegt, lege ich ihm die Hand auf den Arm und mache
»Schschsch! Wer wurde gestern Abend dran erinnert, lieber
noch tanken zu fahren, weil es heute früh teurer ist? Und zeitlich
zu knapp wird? Und wer hatte da schon seine Freizeitjacke an?«
Jens schlägt sich die Hand vor die Stirn, rennt zur Garderobe,
findet den Schlüssel, küsst mich hastig mit einem »Danke!
Du bist die Beste!« und stürmt zur Tür hinaus. Wie in einer
Komödie zähle ich: »Einundzwanzig, zweiundzwanzig, drei-
undzwan…« Der Schlüssel dreht sich im Schloss, seine Hand
greift sich Smartphone und Aktentasche, ich höre einen unter-
drückten Fluch, dann ist er endlich weg und ich habe Ruhe. Ach
nein, doch nicht. Zwei Minuten später meldet er sich aus dem
Auto. »Du, wann ist noch mal mein Klassentreffen? Ich glaube,
ich muss da heute zusagen. Die Einladung müsste irgendwo auf
dem Schreibtisch liegen. Kannst du sie mal eben scannen und
mir ins Büro mailen?« Mal eben dies, mal eben das … Er redet,
als sei heute Morgen noch nichts dieser Art passiert. Unglaublich. Recht kühl antworte ich: »Die Einladung hängt da, wo du
sie hingehängt hast. Am Kühlschrank. Und ich muss sie nicht
scannen, weil das Klassentreffen erst am 24. September ist.
Du hast noch eine Woche Zeit zum Antworten.« – »Sicher?« –
»Sicher.« – »Hast du sie vor der Nase?« – Nein, Schatz. Aber
im Kopf.« – »Du bist toll. Wie machst du das nur? Okay, dann
antworte ich dieser Tage.« Klappt ja sowieso nicht, denke ich
bei mir. Es sei denn, ich erinnere ihn daran. »Schatz, ich muss
aufhören, mein Akku ist fast leer. Ich hab gestern mein Ladegerät nicht gefunden. Das muss jemand … äh, sorry. Ich hab's
irgendwo verbummelt.« Ich weiß, denke ich. Liegt hinterm
Toaster. Warum auch immer. »Tschü-hüs, du Süße! Wünsch mir
Glü-hück!« Ja, denke ich. Beim Wiederfinden deines Kopfs.

Als ich später mit Simone telefoniere, frage ich sie: »Wieso ist das so?! Wieso weiß ich, wo sein Schlüssel ist? Dass er das Handy vergessen hat und die Aktentasche? Wann sein Klassentreffen ist? Wo sein Ladegerät ist? Wieso habe ich meinen gesamten Kram im Blick und scanne zusätzlich permanent unsere Wohnung, sodass ich auch weiß, wo *seine* Sachen sind? Wieso kann er beim Sudoku und beim Schachspielen drei Möglichkeiten gleichzeitig im Kopf haben und zu Hause nicht mal zwei seiner wichtigsten Sachen? Während ich mich sogar in meiner Handtasche zurechtfinde – was eine echte Leistung ist. Ohne mich hätte Jens vermutlich längst seinen Job verloren. Wieso hängt das alles an mir?« Simone atmet kurz aus und sagt dann trocken. »Weil er sich auf dich verlässt. Und weil das funktioniert. Du nimmst ihm das Denken ab. Das könntest du auch bleiben lassen.« – »Aber dann geht er doch zugrunde, dieser lebensuntüchtige große Junge!« – »So ein Quatsch! Letztes Jahr waren wir mit Maja eine Woche zusammen an der Ostsee, weißt du noch? Hat Jens da seinen Job verloren? Ist er verhungert? Hat er sich ausgesperrt? Nein! Früher hat er alleine gewohnt. Er hat ohne dich sein Studium abgeschlossen und einen Job gefunden. Er braucht dich nicht, um seinen Alltag zu meistern. Aber wenn du den Service anbietest, wird er natürlich angenommen. Apropos, wo ich dich gerade dran habe: Hab ich neulich meine Sonnenbrille bei dir vergessen? Ich finde sie nirgends.« Das könnte dir so passen, denke ich. Die Brille liegt zwar auf unserer Anrichte, aber du hast mir ja gerade beigebracht, den Service einzustellen, dich lass ich jetzt ein bisschen zappeln.

PS: Das Angebot für den neuen Kunden muss natürlich *nicht* heute fertig sein. Ich habe einen Vermerk im Kalender gemacht, der mich eine Woche vorher dran erinnern wird. Funktioniert so ähnlich wie ein Geburtstagskalender …

KNACK DAS MUSS

Hier kommt eine harte, aber wichtige Wahrheit: Du bist nicht zuständig, wenn jemand anderes etwas vergisst und damit zum Beispiel ein Kind traurig macht. Also lass keine Schuldgefühle zu, wenn du keine Schuld hast. Lass dich nicht erpressen, nur weil du empathisch bist.

Und noch eine Wahrheit: Im Privatleben bist du niemandes Sekretärin. Lass Menschen ruhig mal vor die Wand laufen, sonst lernen sie nichts. Im Gegenteil: Wenn du sie stets rettest, gewöhnen sie sich daran und werden immer denkfauler. Irgendwann liegt ihre Anspruchshaltung an dich bei hundert – und die Dankbarkeit bei null. Tu dir das nicht an! Dagegen, dass du alles scannst und immer weißt, wo alles ist, kannst du nichts machen, aber du musst es ja nicht immer sagen. Für einen vergesslichen Menschen ist die Antwort »Keine Ahnung, wo dein Ladegerät ist« völlig normal. Dass sie geschwindelt ist, weißt ja nur du.

ZWEI SÖHNE, DREI JUNGS

ICH MUSS ... MEINEN PARTNER ERZIEHEN

»Jetzt reicht's mir aber!« Simone stürmt los, rüber zur Abteilung mit den Reinigungsmitteln. Will sie dem älteren Herrn die Meinung geigen, der hilflos vor einem Regal steht und offensichtlich nicht entdeckt, was er sucht? Nein, sie baut sich vor der Frau des Mannes auf. Ich höre, wie sie zischt: »Ist Ihnen das überhaupt nicht peinlich, wie Sie Ihren Mann hier die ganze Zeit behandeln? Es ist entwürdigend, wie Sie vor allen Leuten an ihm herumnörgeln und ihn runtermachen. Lassen Sie ihm gefälligst seine Würde!« Natürlich kommt es dann, wie es kommen muss: Der Mann und die Frau solidarisieren sich sofort und verwahren sich empört gegen Simones Einmischung. Ein anderes Rentnerpaar mischt sich ein und geht auf Simone los: »Wie kommen Sie dazu, die Dame einfach anzuschreien? Sie hat Ihnen nichts getan!« Simone antwortet noch: »Ja, *mir* nicht«, schaut den Mann vor dem Seifenregal traurig an und kommt dann schwer atmend zurück zu mir. Ich starre sie an. »Was ist denn mit dir los?« Eigentlich wollten wir einfach nur schnell zwei Tiefkühlpizzen und ein paar Getränke holen und uns einen gemütlichen Abend zu zweit machen, weil ich sturmfreie Bude habe, und dann macht meine Freundin hier so eine Szene. Simone schüttelt sich: »Das ging seit der Gemüseabteilung so. Hast du das gar nicht mitbekommen? Nee, vorher hat er schon den falschen Einkaufswagen genommen, fand sie. Und davor das Auto falsch geparkt. Manchmal ertrage ich es einfach nicht. Vielleicht, weil meine Mutter meinen Vater auch immer so behandelt. Okay, nicht immer, aber manchmal. Jedenfalls viel zu oft. Ich finde es einfach würdelos!« Ich schaue sie vorsichtig von der Seite an. Simone, meine Lieblings-Feministin, verteidigt Männer, die unter einer Frau zu leiden haben?

Als wir zu Hause sind und der Pizzaduft sich allmählich durch die Wohnung schleicht, komme ich noch mal zurück auf das ältere Paar im Supermarkt. »Aber Männer können einen doch wirklich manchmal verrückt machen mit ihrer Hilflosigkeit bei ganz normalen Alltagssachen. Ich glaube, manchmal ist das sogar ihre Strategie. Find ich nicht, kann ich nicht, hab ich vergessen. Das dürften wir uns niemals leisten.« – »Mag ja sein. Aber rechtfertigt das, einen erwachsenen Mann in aller Öffentlichkeit wie ein Kind zu behandeln? Wobei Kinder ja kaum noch so zusammengefaltet werden, jedenfalls nicht vor Publikum.« – »Frauen aber schon.« – »Oh ja, das musst du mir nicht sagen. In bestimmten Schichten ist das Macho-Getue und das Heruntermachen von Frauen leider noch üblich. Aber das da vorhin waren doch keine primitiven Prolls. Die sahen doch völlig bürgerlich aus. Keine Jogginghosen, keine Adiletten, im Einkaufswagen lag die ZEIT ... Dieser Kontrast macht mich fertig. Warum vergisst die Frau alle Manieren, die sie sonst offenbar hat, wenn ihr eigener Mann vor ihr steht?« Ich grüble: »Und wenn der Mann ihr jahrzehntelang das Leben zur Hölle gemacht hat? Bei meinen Großeltern war das so. Er war ein Pascha und ein Tyrann – und als Rentner dann irgendwann ein armseliges, magenkrankes Würstchen. Meine Oma hat sich dann förmlich gerächt für ihr Leben als Hausfrau ohne eigene Lebensgeschichte. Klar konnten Frauen auch früher selbstbestimmt leben – aber um einen viel höheren Preis als heute. Sie mussten neben der Arbeit meistens völlig allein den Haushalt und die Kinder managen und waren oft geächtet als Rabenmütter. Auch in der DDR, die immer als so frauenfreundlich beschrieben wird, war übrigens vieles eher Ausbeutung und Doppelbelastung als Gleichberechtigung. Die Männer waren einfach noch rückständiger als heute, in Ost wie West.« – »Hmmm.«

Simone ist ins Grübeln gekommen. »Kann schon sein, dass Männer oft selbst schuld sind. Aber« – sie hat jetzt einen trotzigen Gesichtsausdruck – »... bei meinem Vater stimmt das nicht.« In diesem Moment piepst der Ofen und ich gehe die Pizzen zerteilen. Als ich mich wieder hinsetze und wir genüsslich mit den Fingern futtern, frage ich: »Ist dir eben eigentlich was aufgefallen?« – »Nee, was?«, fragt Simone mit vollem Mund. »Na, wir haben aus Versehen die Rollen getauscht. Ich hab einen Grund nach dem anderen gesucht, wieso die Männer selbst schuld sind, und du hast sie verteidigt.« Simone schaut verdutzt und muss dann dermaßen losprusten, dass alle vier Jahreszeiten der Pizza durch die Gegend fliegen. Nach unserer schnellen Reinigungsaktion fragt sie: »Wo ist Jens heute noch mal?« Ich seufze. »Der ist mit seinen Jungs weg. Seinen Studienkumpels. Ich sehe das ja überhaupt nicht gerne, wenn die zusammen auf die Piste gehen – Jungsfilme gucken, Saufen, Darts, Billard ... und sicher auch anderen Frauen nachstarren. Das ist kein guter Einfluss. Aber einmal im Monat muss ich es ihm erlauben, sonst ist er irgendwann weg.« Ich erwarte als Antwort auf meinen absichtlich übertriebenen Schlusssatz ein kumpeliges Grinsen, aber da bin ich bei Simone offenbar falsch. Sie ist neben mir geradezu erstarrt. »Siehst du? Genau das meine ich! Du ›erlaubst‹ deinem Mann, mit Freunden wegzugehen?! Sag mal, ist der Kleine sieben oder siebenunddreißig?« Ich bin völlig perplex, kriege aber gerade noch Kurve, statt mir ihren Ton zu verbitten: »Oh, das scheint ja wirklich dein wunder Punkt zu sein. Wie ist das denn mit deinen Eltern?« – »Tja.« Sie zuckt mit den Schultern. »Ich habe zwei Brüder, wie du weißt. Und meine Mutter hat früher immer jedem erzählt, der es nicht wissen wollte, dass sie drei Jungs zu Hause hat. Und genau so behandelt sie meinen Vater auch. Der darf in der Wohnung nichts alleine anfassen oder machen oder entscheiden. Im Job war er ein gestandener Mann – und zu Hause ein entmündigtes Kind. Seit er in Rente ist, ist er nur noch das Kind.« Ich sehe, dass sie Tränen in den Augen hat. »Du magst deinen Vater, oder?« – »Klar! Meine Mama auch. Aber ich hab mich immer zwei Dinge gefragt: Wieso lässt er sich das gefallen? Und wieso lädt meine Mutter sich freiwillig ein drittes Kind auf? Sie könnten beide anders entscheiden, aber es hat sich einfach so eingespielt. Wenn meine Mutter rumkeift – entschuldige den unfeministischen Ausdruck, aber du solltest das mal hören! –, dann schaltet er auf Durchzug.« Ich nicke: »So wie der Mann vorhin im Supermarkt. Der wusste wahrscheinlich überhaupt nicht, was du meinst.« – »Und die Frau auch nicht«, ergänzt Simone nickend. »Die merken das gar nicht mehr.« Dann schaut sie mich sehr eindringlich an. »Passt auf, dass ihr nicht so werdet, Jens und du! Wäre wirklich schade.« Mir ist plötzlich etwas mulmig. Sind wir wirklich auf so einem Weg? »Aber ...« – ich suche nach den richtigen Worten – »Jens ist wirklich manchmal wie ein Junge. Vergesslich, chaotisch, verantwortungslos, unordentlich, verspielt ... Manchmal beneide ich ihn sogar um diese Unbekümmertheit. Das Kind im Manne eben. Vom Kind in der Frau hab ich noch nie gehört. Du?« Simone lacht. »Nee. Wir Mädchen kriegen ja beigebracht, mit der Pubertät alles Kindliche abzuschütteln. Ab da bemuttern wir alles, was nicht bei drei auf dem Baum ist.« – »Aber was soll man denn machen, wenn die Männer wie Kinder sind, außer wie ihre Mutter werden?« – »Wie wär's damit, ihnen das nicht durchgehen zu lassen? Sie daran zu erinnern, dass sie erwachsen sind und sich gefälligst selbst um ihren Kram kümmern sollen? Und um ihren Anteil an der Hausarbeit? Das entlastet doch vor allem die Frauen! Wenn die Männer sich aber erst mal fallen lassen in diese Rolle, muss die Frau sie lebenslang bemuttern. Ist nicht toll, oder? Mein Vater hat irgendwann aufgegeben. Er wird nicht mehr lernen, wie man ein Spiegelei brät oder die Waschmaschine anmacht. Meine Mutter muss ihn jetzt versorgen, bis er stirbt. Und wenn sie zuerst stirbt, ist er lebensuntüchtig. Das haben sie sich beide eingebrockt. Und was Jens und dich angeht: Das Thema hatten wir doch gerade vor ein paar Tagen, als du wusstest, wo sein ganzer Kram ist, weil er sich völlig auf dich verlässt.« Ich mache ein kurzes Stoppzeichen und springe auf. Grinsend lege ich ihr einige Sekunden später ihre Sonnenbrille hin. Sie spielt das Spiel mit und sagt begeistert: »Ich wusste, ich kann mich auf dich verlassen!« Und dann lachen wir beide, bis die Tränen spritzen. Über uns und über die Unvollkommenheit von uns Menschen.

Später, als Simone weg ist, nippe ich noch am letzten Rest Weißwein im Glas. In mir steigt gerade wieder die typische »Jens-ist-unterwegs«-Stimmung hoch. Kann es sein, dass ich ihm den Spaß mit seinen Freunden einfach nicht gönne? Oder habe ich es nur lieber, wenn er da ist? Ohne das Gespräch mit Simone würde ich mich jetzt systematisch in eine schlechte Stimmung frusten und ihm dann eine Szene machen, wenn er irgendwann nach Hause kommt, nach Bier stinkend und angesäuselt. Aus alter Gewohnheit schon mit so einem hündischen Schlechtes-Gewissen-Blick, als habe er mich betrogen oder so was. Ich bekomme einen richtigen Schreck vor mir selbst. Dieses Verhalten habe ich mir bei meiner Mutter abgeschaut – und es nie hinterfragt. Ich habe immer gedacht, als Ehefrau müsse man so sein und seinen Mann wie ein unselbstständiges Kind behandeln. Dabei habe ich doch – anders als die Ehefrauen früherer Generationen – selbst das Recht, jederzeit auszugehen mit Maja und Simone. Und Spaß zu haben. Was soll also diese Strenge-Mutti-Nummer?

Ich nehme mir vor, heute mal anders zu sein, wenn er kommt. Egal, wann und in welchem Zustand. Ich werde nett sein. Und mich für ihn freuen, weil er einen schönen Abend hatte. Aber eins weiß ich: Leicht wird mir das nicht fallen. Und er wird die Welt nicht mehr verstehen. Wie so oft.

KNACK DAS MUSS

Wenn du für deine (kleinen) Kinder eine liebevolle und manchmal auch besorgte oder strenge Mutter bist, genügt das vollkommen. Bei allen anderen – den pubertierenden Kindern, dem Partner, dem Chef – solltest du das Bemuttern einfach lassen. Das entlastet dich und zwingt die anderen zu mehr Selbstständigkeit und Verantwortung.

NICHT ZU GROSS
UND NICHT ZU SCHLAU

ICH MUSS ... MICH KLEIN MACHEN

Endlich bin ich mal wieder mit Britta verabredet, meiner Ex-Kollegin und Freundin. Es klappt viel zu selten, dass wir uns sehen. Sicher hat es auch damit zu tun, dass wir bis vor Kurzem beide in Beziehungen waren. Da vernachlässigt man Freundschaften leicht, vor allem am Anfang, während der Honeymoon-Phase. Aber jetzt ist Britta gerade Single, mal wieder. Wir sitzen im Harvey's, einem Café, wo man super frühstücken kann. Ich genieße meinen freien Tag und das »Fruchtige Frühstück«. Wenn ich ehrlich bin, schiele ich allerdings die ganze Zeit auf das knusprige Croissant und das Marmeladentöpfchen vor Britta, während ich brav meinen Joghurt mit den etwas sperrigen Obststücken drin löffle. Ich wollte mir keine Blöße geben und das »Rustikale Frühstück« mit Rührei und Rostbratwürstchen bestellen, obwohl ich genau darauf am meisten Lust gehabt hätte. Aber vielleicht ist Britta ja inzwischen Veganerin und würde sich ekeln. Oder mich verachten. Wobei der Joghurt ja auch nicht vegan ist ... An diesem Punkt meiner bescheuerten Gedankenschleife kneife ich mich einmal kräftig in den Unterarm und sage mir selbst im Stillen: »Stopp, Anne! Normal denken!« Den Tipp hat Simone mir geben – und er hilft. Zum Glück tut es weniger weh, als wenn Simone mich kneifen würde mit ihren Stahlfingern.

Britta schluckt den letzten Bissen ihrer Schinkenscheibe runter (So viel zur Veganerin. Ich hätte sie ja einfach mal fragen können!) und erzählt von ihrer letzten Trennung: »Irgendwie ist es immer dasselbe. Ein paar Monate war alles gut, dann wirkte er immer verunsicherter. Es ist auf Dauer nicht möglich, mit einem unsicheren Mann zusammenzuleben, das macht dich wahnsinnig. Du gehst nur noch auf Zehenspitzen und hast ständig Angst, etwas Falsches zu sagen oder zu tun.« Zehenspitzen – bei dir keine gute Idee, denke im Stillen. Denn Britta ist auch so die größte Frau, die ich kenne. Eins vierundachtzig, hat sie mir mal gesagt, als ich fragte. Aber gut gefallen hat ihr die Frage damals nicht, deshalb behalte ich meinen Gedanken jetzt lieber für mich. »Ja, das kann ich mir vorstellen, dass ein unsicherer Mann kein guter Partner ist. Eine unsichere Frau übrigens auch nicht, vermutlich.« Britta schaut verblüfft, nickt dann aber zögernd. »Stimmt natürlich. Trotzdem glaube ich, dass es mehr funktionierende Beziehungen mit unsicheren Frauen gibt als mit unsicheren Männern.« Simone könnte uns jetzt einen wunderbaren Vortrag halten, woran das liegt, denke ich. Aber vermutlich kommen wir auch alleine drauf, so kompliziert ist es ja nicht.

Britta erzählt weiter: »Zuerst fiel es mir auf, wenn wir mit Leuten zusammen waren und über Themen redeten, die ein bisschen … Grips verlangen. Horizont. Wissen. Er hatte das alles – aber es schien ihn zu irritieren, dass ich mindestens ebenso viel davon habe. Bei anderen Paaren führen meistens die Männer das große Wort. Dass er das nicht konnte, weil ich intellektuelle Diskussionen viel zu sehr liebe, um nur zuzuhören, damit konnte er irgendwie nicht umgehen.« – »Und wie war es mit der … Zweisamkeit?«, frage ich etwas verdruckst. »Du meinst den Sex?« Ich nicke vage: »Joo, zum Beispiel …« – »Ach, das war am Anfang richtig gut. Er liebte es, ›auf mir rumzuklettern‹, wie er immer sagte. Er war nämlich einen Kopf kleiner als ich. Aber nach ein paar Wochen hatte ich das Gefühl, dass er sich … na ja … klein fühlte neben mir. Und dass das auf seine Libido drückte. Irgendwie ist das ein Muster bei mir. Suche ich mir wirklich immer die falschen Männer aus? Und warum?« Sie guckt jetzt ganz traurig und gar nicht mehr so herrlich selbstbewusst wie bei unserer Begrüßung. Dabei ist sie so eine umwerfend schöne und souveräne Frau. Eine Traumpartnerin, wie ich schon damals fand, als wir uns kennenlernten. Hochintelligent, attraktiv und von einer Kraft und Präsenz, die sehr beruhigend wirkt. Jedenfalls auf mich. Ich war damals fast ein bisschen neidisch auf dieses »Gesamtpaket«, aber ich bekam dann schnell mit, dass sie nie richtig Glück mit den Männern hatte. Kein Händchen. Wenn es denn an ihr lag.

Britta sinniert: »Es ist verrückt. Meine Bildung wäre doch ein schöner Anreiz für ihn gewesen, sich mit ein paar Dingen zu beschäftigen, über die er noch nicht so viel weiß. Er ist doch selbst keineswegs auf den Kopf gefallen. Und meine Größe hätte ihm ja Sicherheit geben können. Die meisten Frauen, die ich kenne, fühlen sich geborgen bei ihren größeren Partnern, und nicht verunsichert. Sind wir im 21. Jahrhundert echt noch so hinterher, dass das umgekehrt nicht funktioniert?«

Statt direkt zu antworten, taste ich mich heran und frage: »Wie habt Ihr euch denn kennengelernt?« – »Ach, das war ein verrückter Zufall. Ich hatte damals diesen Sportunfall und lag im Krankenhaus, und er war der diensthabende Arzt.« In mir macht etwas »Klick!« Ich frage vorsichtig: »Britta, darf ich mal ein bisschen rumspekulieren? Mit dem Risiko, total danebenzuliegen?« Sie nickt neugierig. »Als er dich das erste Mal gesehen hat, lagst du, statt auf ihn runterzuschauen. Du warst nicht stark, sondern schwach, und du brauchtest Hilfe. Seine Hilfe. Vermutlich warst du auch nicht in der Stimmung für intellektuelle Diskurse, während er dir mit vielen Fachbegriffen erklären konnte, was du hast und wie er dir helfen wird. Aus Männersicht ideale Umstände für ein Kennenlernen.« Britta nickt: »Und dann bin ich das erste Mal wieder aufgestanden. Kleiner Schock für ihn.« Sie grinst. »Aber ich hatte ja noch den Gips und brauchte weiter Hilfe. Das wird es ihm erleichtert haben, mich weiter anzubaggern. Ja, darüber hab ich natürlich auch schon nachgedacht. Aber kann die Erklärung wirklich so simpel sein? Und so ... unausweichlich für mich?« Jetzt zittert ihre Unterlippe ein wenig. »Meine Größe und mein Grips verhindern, dass ich einen

Partner auf Augenhöhe finde?« Ich reiße die Augen auf bei dieser Formulierung, aber sie schmunzelt trotz feuchter Augen. Den Gag mit der Augenhöhe hat sie wohl schon mehrfach gemacht.

Anstatt direkt zu antworten, frage ich: »Hast du es eigentlich schon mal über Dating-Portale versucht?« Britta schnaubt. »Ich weiß schon: Alle elf Minuten kentert ein Parship. Ja, hab ich natürlich versucht. Ohne jeden Erfolg. Es haben sich nur Verrückte und Perverse gemeldet. Und Lesben. Die sogar in Scharen. Aber leider bei mir falsch.« Ich frage weiter: »Und hast du in deinem Profil ... alles so geschrieben, wie es ist? Oder ein bisschen geschummelt?« Britta ist jetzt fast empört: »Geschummelt? Ich kenne viele, die das offenbar nötig haben. Aber ich? Mit meinem Einskommanull-Abschluss? Und meinem sechsstelligen Gehalt? Wieso soll ich da noch was aufhübschen?« Ich sage zögernd: »Nicht aufhübschen. Das Gegenteil. Hast du deine Körpergröße auch korrekt angegeben?« – »Na klar. Die sieht man doch sowieso beim ersten Treffen.« – »Ja, wenn es dazu überhaupt kommt ...« Sie sieht mich an: »Du meinst ... die Guten melden sich gar nicht, nachdem sie mein Profil gesehen haben, weil ich so groß bin?« Ich nicke. »Schon mal vom Little-Man-Syndrom gehört? Kleine Männer, die ihre Unsicherheit überspielen mit krankhaftem Ehrgeiz und kompetitivem Getue? Napoleon, Putin, Tom Cruise ... Entweder sie werden größenwahnsinnig oder sie wählen das komische Fach, wie Danny de Vito. Oder Ralf Schmitz. Oder Bernhard Hoëcker.«

Britta verzieht das Gesicht: »Ich find die Vorstellung gar nicht komisch, dass ich nur Chancen habe, wenn ich mich buchstäblich kleiner mache. Weil Männer nicht ertragen, dass ich mehr verdiene, dass mein Uni-Abschluss besser ist und dass ich Basketball spiele. Was ist denn los mit denen?«

Ich habe auf diese Frage nur eine sarkastische Antwort: »Du musst offenbar gezielt nach Zwei-Meter-Männern mit Doktortitel und Chefarztgehalt suchen.« Britta seufzt: »Oder Single bleiben. Da muss ich wenigstens nicht jeden Abend ein kleines Würstchen aufbauen. Man soll ja immer das Positive sehen.«

Nachdem wir uns verabschiedet haben, grüble ich noch weiter über Brittas »Problem« nach und komme schnell zum Schluss, dass das in Wahrheit ja ein Problem der Männer ist. Also sind die es dann auch, die gefälligst eine Lösung finden sollen ...

KNACK DAS MUSS

Hier liegt das Problem eindeutig beim Mann! Halte weder mit deiner Bildung noch mit deinen sonstigen Fähigkeiten hinterm Berg. Entweder, dein Gegenüber kommt damit klar, oder er ist nicht der Richtige.
Sorry.

VERBOHRT
ICH MUSS ... MICH ZURÜCKNEHMEN

»Ob er das von seinem Vater hat? Er ist doch sonst nicht so.« Ich rühre nachdenklich in meinem Kräutertee herum, obwohl es da gar nichts zu rühren gibt. Gerade habe ich über Jens' Schwierigkeiten geklagt, mich bei »typischen Männeraufgaben« einzubeziehen. »Was uns das schon gekostet hat! Ich darf gar nicht daran denken!«

Simone grinst: »Du denkst aber gerade dran. Unter Schmerzen.« Aber dann besinnt sie sich und fragt: »Was ist denn eigentlich los?« – »Ach, jetzt am Wochenende war es eigentlich nichts Großes. Wir haben neue Vorhänge fürs Arbeits- und Gästezimmer angeschafft. Ich schlafe da jetzt manchmal, wenn ich unruhig bin oder wenn Jens zu sehr schnarcht. Ich bin dann einfach entspannter morgens. Aber bisher war es immer zu hell, deshalb die Vorhänge.« Simone hebt die Brauen und lobt mich mit einer Portion Ironie: »Oh, ein Fortschritt! Du machst mal, was *dir* guttut. Alleine schlafen.« Ich verziehe das Gesicht. »Aber nur in Ausnahmefällen. Irgendwie sitzt der Satz meiner Mutter tief drin. Die hat mal gesagt: ›Getrennte Betten sind der erste Schritt zur Scheidung.‹ Ich glaube das zwar nicht, aber wenn da nun doch was dran ist ...?« Simone schüttelt heftig den Kopf. »Weißt du, was der erste Schritt zur Scheidung ist? Wenn Frauen zu lange stillhalten und etwas ertragen, das sie eigentlich nicht wollen. Das sind nämlich die, die dann eines Tages plötzlich weg sind – und nicht die Frauen, die von Anfang an Gleichberechtigung einfordern. Hab ich bei meiner Tante und meinem Onkel erlebt. Sie hat sich nie gegen irgendwas gewehrt – und dann, nach dreißig Ehejahren, hat sie plötzlich zwei Koffer gepackt und ist in eine andere Stadt gezogen. Mein Onkel versteht seitdem die Welt nicht mehr. Sie habe ja nie was gesagt. Na ja, wer weiß. Ihr so richtig gut zugehört haben wird er auch nicht. Aber egal. Es ging ja um die Vorhänge. Was war los?« Mir ist es schon etwas unangenehm, weiterzuerzählen, weil es Jens nicht gut dastehen lässt, aber es muss raus. »Wir brauchten ja jetzt eine Vorhangstange. Jens ist gleich morgens zum Baumarkt gefahren und hat ein Ungetüm von Stange mitgebracht. Viel zu dick und in dunkelbraunem Holz, obwohl in dem Zimmer sonst alles eher anthrazit ist. Bevor ich ihm aber sagen konnte, dass die Ösen des Vorhangs gar nicht über diese Stange passen, hatte er schon angefangen zu bohren. Zwei mörderische Krater hatten wir in der Wand, ganze Putzstücke sind rausgebrochen. Er hat nämlich einen Metallbohrer genommen statt eines Steinbohrers. Mit der Bohrmaschine kann er einfach nicht gut umgehen. Außerdem hatte er alles nur Pi mal Daumen abgemessen und die Löcher waren nicht gerade in die Wand, sondern schräg. Als das Fiasko perfekt war, hat er erst mal einen seiner Wutanfälle gekriegt. Er ist jähzornig, besonders wenn etwas nicht klappt, von dem er meint, er müsse es doch können, als Mann. Ich kriege dann manchmal richtig Schiss vor ihm. Er ist dann in der Lage und schmeißt mit Sachen.« Simone bekommt ihr alarmiertes »Häusliche-Gewalt«-Gesicht, aber ich ergänze schnell: »Natürlich nicht nach mir. Jens ist kein gewalttätiger Mensch. Aber unbeherrscht, wenn es um fummelige Aufgaben geht. Er hat einfach zwei linke Hände. Soll's ja geben, so was. Aber wieso will er dann trotzdem alles selber machen?«

Simone hört gebannt und amüsiert zu. Ihre Sorge wegen Jens' Unbeherrschtheit konnte ich ihr nehmen. Dass sie so sensibel ist beim Thema Partnerschaftsgewalt, hat aber leider gute Gründe. Von ihrer Arbeit weiß sie, wie oft Frauen misshandelt werden. Oft genug hat sie es auch mit Frauen zu tun, bei denen sie genau sieht und weiß, dass sie nicht »gegen eine Tür gelaufen« sind, die aber keines ihrer Hilfsangebote annehmen. Sie können sich nicht lösen aus dem Albtraum – aus Angst. Eine Horrorvorstellung, was Frauen täglich massenhaft passiert. Zum Glück ist das nicht mein Thema.

Simone fragt: »Und wie ging es dann weiter?« Ich zucke mit den Schultern: »Die Löcher klafften in der Wand und die Stange konnte er nicht zurückbringen, weil er sie schon zersägt hatte. Also musste er noch mal los, eine neue besorgen. Irgendwie hat er die dann dranbekommen. Der Vorgang verdeckt jetzt die riesigen Kraterlöcher, aber er hängt ein bisschen schief, und die Schrauben sitzen auch nicht fest in der Wand. Wieder zu große Löcher. Ich habe bei jedem Auf- und Zuziehen Angst, dass alles wieder runterkommt.«

Simone setzt zu einer Frage an: »Soll ich nächste Woche einfach mal mit meinem Werkzeugkoffer vorbeikommen, wenn er arbeitet? Ich kann so was ja au…« Leider kann ich ihr nur halb zuhören, weil ich schon die ganze Zeit latent abgelenkt bin. Ich stehe auf und sage: »Tschuldigung, aber das Geflacker nervt mich einfach zu sehr.« Ich gehe an den Tresen zu Katrin, der das Café gehört, und sage: »Hast du 'ne Leiter hier und einen Madenschraubenzieher? Die Lampe macht mich irre. Machst du die Sicherung mal kurz raus?« Da wir gerade die einzigen Gäste sind und Katrin uns gut kennt, hat sie nichts dagegen und schleppt die Leiter heran. Ich steige hoch, löse den Lampenschirm und stehe kurz in einem Gestöber aus altem Staub. Dann fummle ich das lose Kabel wieder in die alte Lüsterklemme. Als ich Katrin die Leiter und den Schraubenzieher zurückgebe, sage ich: »Eure Elektrik muss dringend mal gemacht werden. Wenn hier mal was brennt, zahlt keine Versicherung, so schrottig sind die Kabel und so.« Katrin bedankt sich, drückt die Sicherung wieder rein – und die Lampe leuchtet endlich flackerfrei. Als ich an den Tisch zurückkomme, starrt Simone mich fassungslos an. »Du *kannst* so was?« – »Ja, klar. Hat mir schon als Kind Spaß gemacht, meinem Vater zu assistieren. Außerdem: Halloo? Ich bin Ingenieurin!« Simone ringt nach Worten. »Das war eine coole Aktion hier eben, aber … aber … wieso … nimmst du so was nicht auch zu Hause in die Hand? Wo Jens doch zwei linke Hände hat?« Ich sehe sie an, als ticke sie nicht mehr ganz richtig. »Ich soll ihn bloßstellen? Bei einer typischen Männersache? Das zertrümmert doch sein Selbstbewusstsein. Er will es ja unbedingt können. Ihm zu sagen, ›Gib her, du kannst das nicht!‹, wäre ja wohl nicht sehr pädagogisch.« Simone reißt die Augen auf: »Pädagogisch?! Jens ist doch kein Kind!« – »Nee, aber ein sensibler Mann. Da muss ich mich doch zurücknehmen. Ich will ja auch nicht, dass er mir erklärt, wie man Gulasch kocht.« Während ich es sage, merke ich, wie lächerlich meine Argumentation ist. Ich atme tief durch. »Du meinst, ich sollte mich mehr einmischen bei diesen … Männersachen?« – »Es gibt keine Männersachen«, antwortet Simone trocken. »Außer vielleicht beim Urologen.« Wir prusten beide los. »Das kam jetzt gerade wie auf einer Comedybühne«, kichere ich.

Aber schnell ist Simone wieder im Diskursmodus. »Eigentlich wollte ich nicht ansprechen, was mir vorhin in der Straßenbahn aufgefallen ist, doch leider passt es einfach zu gut. Weil du eben diesen elenden Satz gesagt hast: ›Ich muss mich doch zurücknehmen.‹« Ich ahne ungefähr, worum es geht – ich habe ihr auffälliges Benehmen vorhin ja auch bemerkt. Wir haben uns zufällig an der Haltestelle getroffen und sind zusammen hergefahren. Damit wir uns sehen konnten beim Reden, saßen wir einander gegenüber. An der nächsten Station stiegen zwei Männer ein und suchten nach Plätzen. Simone erzählt, wie sie es erlebt hat: »Als der Typ sich neben dich gesetzt hat, hast du dich sofort kleiner gemacht. Du hast dich zurückgenommen, so als wolltest du bloß nicht zu viel Raum beanspruchen. Zum Dank hat er die Beine richtig weit auseinandergebreitet und dich auf ein Viertel der Bank zusammengeschoben. Du sahst aus wie ein eingeschüchtertes Kind.« – »Na, und du? Du hast dich extra breit gemacht, damit der andere sich gar nicht erst hinsetzen kann. Der musste dich ja geradezu anbetteln, dass er sich da hinquetschen darf. Das fand ich ziemlich asozial von dir. Und deine breiten Beine … also, ich weiß nicht. So als Frau …« – »Ach, der Arme!«, säuselt Simone ironisch. »Er musste fragen, ja? Und höflich sein. Und hatte dann nur die halbe Bank für sich. Dem armen Kerl ging es ja fast wie … einer Frau. Schlimm, schlimm, schlimm.« Sie übertreibt so, dass ich schon wieder lachen muss. Aber sie will mir ins Gewissen reden. »Nimm dir den Platz, der dir zusteht im Leben! Egal ob im Job, zu Hause an der Bohrmaschine oder in der S-Bahn. Du musst nicht zurückhaltend sein, weil du eine Frau bist. Eher im Gegenteil. Wer sich an den Rand drückt, wird auch so behandelt. Diesem Muster folgst du übrigens auch. Vorhin, als wir ins Café wollten, stand eine kleine, offenbar sehr ängstliche Frau davor und überlegte, ob sie sich hier reintraut. Du hast sie einfach zur Seite geschoben, als du reinwolltest. Ich glaube, du hast das nicht mal bemerkt, weil du so in unser Gespräch vertieft warst, oder? Aber wenn sie aufrecht und mit breiten Schultern dagestanden hätte, hättest du sie definitiv wahrgenommen. Sie tat mir richtig leid, denn sie hat sich dann natürlich nicht mehr reingetraut in einen Laden, in dem so selbstbewusste Frauen verkehren wie du. Wer weiß, was sie erlebt hat, dass sie sich so klein macht im Leben? Aber du sollst bitte nicht so werden.«

Das sitzt. In mir tobt ein schlechtes Gewissen – wegen der kleinen Frau, und weil ich in der Straßenbahn selbst so eine kleine Frau war. Aber ich fühle auch eine Art Befreiung, einen Energieschub. Ich lege die Stirn in Falten. »Bei uns ist demnächst ein neues Auto fällig, Jens will ein E-Auto. Find ich auch gut. Aber das Modell, das er favorisiert, ist für unsere Bedürfnisse völlig ungeeignet. Viel zu groß und viel zu wenig Reichweite. Doch für so was hat er einfach keinen Blick. Und dann will er selbst ein Carport bauen, mit Solarpaneelen und Ladebox. Will er alles selbst installieren. Wenn ich ihm sage, dass er mit elektrischen Sachen wenig Erfahrung hat, sagt er nur, es gebe doch YouTube-Tutorials. Und er könne sich ja von seinem Kumpel Max helfen lassen. Der kann aber genauso wenig. Ist auch Geisteswissenschaftler. Bisher dachte ich immer, ich muss Jens seine Fehler und seine Erfahrungen machen lassen, aber es kostet mich sooooo viele Nerven! Und uns außerdem so viel Geld! Soll ich da einschreiten?« Simone zuckt mit den Schultern. »Deine Entscheidung. Aber ich kenne Jens ja auch ein bisschen. Klar wird er gekränkt sein. Aber danach auch erleichtert. Weil ihm etwas abgenommen wird, das er offensichtlich nicht so gut kann und nicht sehr gerne macht. Sonst hätte er keine Wutanfälle. Mensch, Anne, du bist Ingenieurin! Wenn du diese Sachen nicht selbst in die Hand nimmst, ist dir echt nicht zu helfen. Sollte Jens es dir doch dauerhaft übel nehmen, dass du Sachen besser kannst als er, dann ...« Sie muss den Satz nicht vollenden. Ich weiß auch so, was sie meint. Und ich weiß jetzt, was ich tun werde. Ich muss vielleicht manchmal einen dummen Spruch zurücknehmen, aber mich selbst mit meinen Fähigkeiten? Nö.

KNACK DAS MUSS

Schon mal Baumarktwerbung angeschaut? Da sind jetzt auch Frauen abgebildet. Löse dich von traditionellen Rollenbildern, was du als Frau kannst oder sollst. Wenn du handwerklich oder in anderen »Männersachen« eindeutig begabter bist als dein Partner, er das aber nicht einsieht und verbissen weiter die Wohnung ruiniert, ist es Zeit für eine klare Ansage: »Ich kann das einfach besser als du. Ab heute mache ich das.«
Kleiner Tipp: Wenn du im selben Gespräch Dinge nennst, die *er* besser kann, etwa Kochen, die Finanzen regeln oder mit Kindern spielen, geht die Sache geschmeidiger. Verabredet eine Arbeitsteilung, die euren individuellen Fähigkeiten und Neigungen entspricht und nicht irgendwelchen überholten Rollenbildern.

»KOMM, WIR RÄUMEN UM!«

ICH MUSS ... FÜR VERÄNDERUNG SORGEN

»Aber wieso denn?!« Jens wirkt richtiggehend unglücklich. »Es ist doch wunderbar so, wie es ist!« Ich seufze. Ich weiß schon, dass ich ihm das Gespräch über meine Ideen zur Veränderung unserer Wohnung aufgezwungen habe – aber so schwierig habe ich es mir trotzdem nicht vorgestellt. Ich versuche es noch mal auf die sanfte Tour: »Ach, komm, sieht doch sicher schön aus, wenn das Sofa da drüben steht.« – »Anne, da stand es nach dem Einzug. Und das gefiel dir irgendwann nicht mehr. Wieso also jetzt so ein Wirbel?« – »Na, jetzt ist es eben anders. Jetzt gefällt es mir vielleicht doch wieder. Ich will doch nur mal sehen, wie es aussieht. Kann man doch wohl mal ausprobieren, nach vier Jahren.« Leider ist Jens gut in Zahlen. »Wir wohnen erst seit drei Jahren hier.« Ich verwandle meinen Rechenfehler ungerührt in einen Angriff: »Was heißt hier *erst*? Das ist doch eine Ewigkeit. Man muss doch mal was verändern!« Ich werde langsam lauter. Kann es wahr sein, dass er das nicht kapiert? »Nee, muss man nicht, wenn es keinen praktischen Grund gibt. Bei meinen Eltern steht das Sofa seit dreißig Jahren an derselben Stelle.« Mir platzt der Kragen. »Siehst du, und genau so möchte ich nicht leben! Genau davor habe ich Angst. Dreißig Jahre dieselben Möbel, derselbe Teppichboden, dieselbe Tapete, derselbe Spaziergang, dieselben Sonntagsgerichte, dieselbe Bez...« Ich stocke erschrocken. Wo kam das denn plötzlich her? Jens steht herum wie Falschgeld und schaut mich unglücklich und verunsichert an. Ich murmle: »War nicht so gemeint. Ich glaub, ich geh mal ne Runde spazieren. Allein.«

Als ich aus der Haustür trete, gehe ich spontan nach links. Wenn ich mit Jens gehe, wenden wir uns immer nach rechts, Richtung Park. Da ist es eindeutig schöner. Und ruhiger. Und grüner. Aber ich will nicht immer dasselbe. Trotzig marschiere ich entlang der Hauptverkehrsstraße und atme die Abgase ein. Dabei spiele ich wütend die Diskussionen mit Jens im Kopf durch und grüble, warum wir uns immer wieder im Kreis drehen. Ich bin überzeugt, dass nicht nur die Beziehung, sondern das ganze Leben erstarrt, wenn man nicht regelmäßig bewusst etwas verändert. Jens hingegen fragt sich, wieso man aus Prinzip etwas verändern soll, obwohl es funktioniert. Er kommt dann immer mit dem Fußballerspruch: »Never change a winning team.« Also, ich würde als Trainerin gerade ein Siegerteam verändern, damit da nichts in Routine erstarrt. Das Verrückte ist, dass es bei den meisten Paaren, die ich kenne, genauso läuft wie bei uns. Fast immer sind es die Frauen, die auf Veränderungen dringen – und ihre Partner damit in Unruhe versetzen. In der Regel sind es auch die Frauen, die sich trennen. Meine Studienfreundin Sarah hat daraus sogar eine Art Naturgesetz abgeleitet, nicht zuletzt aus eigener Erfahrung: »In dem Moment, in dem der Mann so richtig in einer Beziehung angekommen ist, fängt die Frau an, sich darin zu langweilen. Dann macht sie sich auf den Weg in die nächste.« Ich bekomme einen Schreck. Das will ich nicht für Jens und mich. Ich freue mich doch, wenn er sich klar bekennt zu unserem gemeinsamen Leben, und wenn er aufhört, an seine Verflossenen zu denken. Aber ich ertappe mich schon dabei, dass ich eher von meiner nächsten Beziehung träume als von meiner letzten.

Trotz meiner aufgewühlten Stimmung muss ich grinsen. Sarah nannte das Männer-Phänomen immer »Verhausschweinung«. Gemeint sind immer gleiche Netflix- und Pizza-Abende auf der Couch, die den Männern offenbar nie zu eintönig werden. Sie geht sogar so weit, zu behaupten, dass wir Frauen ein natürliches Misstrauen gegen alles haben, was zu viel Gemütlichkeit und Behaglichkeit verspricht. Lieber schubsen wir alles durcheinander und sind ungemütlich. Männer sind wohl das glatte Gegenteil, zumindest zu Hause, meint sie. Na ja – wirklich nur zu Hause? Eine weitere ihrer steilen Thesen lautete, dass Frauen so was wie die »Ehrgeizagenturen« ihrer Männer seien. Sie schöben sie regelrecht zur Bewerbung auf höhere Positionen. Neulich sagte sie zu mir: »Ich glaube, viele Jungs würden jahrelang stumpf vor sich hinarbeiten, ohne je an eine Beförderung zu denken. Aber ihre Frauen liegen ihnen in den Ohren: ›Los, bewirb dich da! Du musst doch mal weiterkommen! Was verändern!‹ Wir selbst hingegen halten uns eher zurück, wenn es um eine Beförderung geht. Verrückt.« Ich glaube, dass Sarah hier nur teilweise recht hat, aber das ist ein anderes Thema. Mir geht es doch gerade nur darum, die Möbel anders zu stellen, eine andere Wandfarbe und einen neuen Fußboden zu haben. Erst mal nur im Wohnzimmer. Aber auch die Küche könnte ich mir anders vorstellen. Klar, ich weiß, sie hat zwölftausend Euro gekostet beim Einzug vor drei Jahren, aber das heißt ja nicht, dass sie mir jetzt immer noch so gut gefallen muss wie damals. Man muss die Veränderung doch wenigstens denken dürfen.

Ich habe überhaupt nicht mehr darauf geachtet, wo ich langgehe. Diese Fußgängerbrücke über die Ausfallstraße habe ich noch nie bewusst gesehen. Da drüben sieht es grün aus, also gehe ich rüber. Staunend komme ich in einen viel schöneren und größeren Park als unseren um die Ecke. Kann das wahr sein? Wir wohnen hier seit drei Jahren und haben den noch nie entdeckt! Dann stolpere ich über die nächste Sensation. Mit fahrigen Fingern drücke ich Jens' Nummer und sage mit vor Aufregung zitternder Stimme in mein Telefon: »Du musst sofort herkommen! Zehn Minuten mit dem Rad. Ich schick dir den Standort. Und ... ich liebe dich.« Jens klingt ziemlich außer Atem. »Ich wollte dich auch gerade anrufen. Sieht gar nicht so schlecht aus, das Sofa unter dem Fenster. Könnte ich mich vielleicht sogar dran gewöhnen.« Bitte nicht gewöhnen!, denke ich im Stillen, genau das nervt mich ja, das Gewöhnen. Aber das sage ich natürlich nicht, sondern nur: »Du bist lieb. Und jetzt komm her.«

Als er angeradelt kommt, bin ich schon im Gespräch mit einem sehr netten Pärchen. Jens steigt ab und studiert das handgemalte Schild: »Hier entsteht unser neuer Nachbarschaftsgarten. Mitstreiter*innen gesucht.« Er sieht mich an – erst fassungslos und dann strahlend. »Genau das, wonach ich schon so lange suche! Wie genial! Wie hast du denn das entdeckt?!?« Ich grinse ihn an und sage genüsslich: »Ach, das war gar nicht so schwer. Ich bin nur mal linksrum gegangen statt rechtsrum. Ich hab einfach was verändert.«

KNACK DAS MUSS

Du willst etwas verändern? Dann nur zu! Lass dich nicht ausbremsen. Es ist dein Leben und dein Bedürfnis. Ordne es nicht anderen unter und nimm keine Rücksicht auf Gewohnheiten und Bequemlichkeiten! Sprich es an und tu es!

»WIE SOLL ICH DAS ALLES SCHAFFEN?«

ICH MUSS ... ALLES IM BLICK HABEN

So haben wir Maja noch nicht erlebt. Und ihre Wohnung auch nicht. Klar, wie angespannt sie gerade ist, war schon länger erkennbar, aber jetzt ist sie so richtig fertig mit den Nerven. Heute ist auch kein Croissant- und Sektchen-Termin, sondern sie hat uns gebeten, vorbeizukommen, weil sie sich gestern schrecklich mit Dirk gestritten hat und uns zum Reden braucht.

In ihrer Küche sieht es aus wie ... manchmal bei mir. Also eigentlich normal-chaotisch. Aber bei Maja ist es ein absolutes Alarmzeichen, wenn das dreckige Geschirr vom Vorabend einfach neben der Spüle steht. Sogar noch mit Essensresten drauf. Und wenn man durch die Küche geht, knirscht es unter den Schuhen.

Behutsam stelle ich den mitgebrachten O-Saft auf den Tisch und suche nach einem Schälchen für die Kekse. Normalerweise würde Maja jetzt sofort aufspringen, mir das genau passende Teil aus dem Schrank holen und noch eine kleine Zange zum formvollendeten Greifen der Plätzchen dazutun. Heute aber sitzt sie nur am Tisch und starrt apathisch auf das Gewirr an Zetteln und Post-its, die vor ihr liegen. Simone deutet darauf und fragt behutsam: »Was ist denn das alles, Süße?« Maja zuckt mit den Schultern und sagt mit tonloser Stimme: »Ich kann mir nichts mehr merken. Normalerweise habe ich das alles im Kopf, aber jetzt ... kann ich einfach nicht mehr.« Ich schaue ihr über die Schulter und lese:

- Toni Yoga Donnerstag 14:00, vorher Trikot waschen. Danach Lotta mitnehmen. Snacks vorbereiten.
- Geburtstag Martin Freitag 15:00. Geschenk besorgen

(letztes Jahr: Kartenspiel mit Hühnern), Trostgeschenk für Toni besorgen. Was zieht Lenni an?

- Einkaufen für Brotboxen: Avocado, Vollkornbrot, Gurke, Erdbeeren, lakt.fr. Frischkäse. Gemüsecracker backen. Herzchen-Ausstecher bestellen.
- Lennart Montag: Mathearbeit. Dreisatz üben. Federmäppchen kontrollieren. Mutmach-Spruch in die Brotbox.
- Mal wieder einladen: Tobi und Britta; Nils und Stephan; Brauers; Bruns
- Sachen verpacken und zurückschicken. Neue Kleider bestellen. Schuhe ausmisten.
- Backofen und Grill reinigen, Maschinen entkalken, Fenster putzen, Gemüsebeet.
- Nachbarschaftsflohmarkt organisieren: Wer? Tische und Bänke? Kuchen wer welche? Geschirr (Einweg??). Keller durchsuchen.
- Kochplan Do – So.
- Klassenfahrt Lennart (ab Mittwoch)

Die beiden letzten Zettel sind besonders besorgniserregend, denn außer der Überschrift steht nichts drauf. Man sieht, dass Maja mehrfach angesetzt hat, etwas hinzuschreiben, das aber krakelig wieder durchgestrichen ist. Die zentnerschwere Last, die auf ihr liegt und die sie gerade zu Boden drückt, ist förmlich zu spüren. Ich deute auf den Kochplan-Zettel. »Wollen wir kurz zusammen überlegen? Man kann ja auch mal was für zwei Tage kochen, in so angespannten Zeiten, oder mal kalt essen. Oder ihr futtert was aus der Tiefkühlabteilung oder lasst euch was bringen. Pizza oder vom Chinesen was.« Maja schüttelt den Kopf. »Das ist nicht mein Anspruch. Wisst ihr, das ist mein Hauptberuf hier! Mehr als der in der Praxis. Ihr könnt ja in euren Jobs auch nicht sagen: Ach, heute geh ich mal nicht ans Telefon und beantworte keine Mails. Und die technische Zeichnung muss dann mal mit ungefähren Maßen auskommen.« Hmmm …

Aus Majas Sicht scheint der Vergleich zu passen. Mich stört trotzdem irgendwas daran, aber ich kriege nicht zu packen, was es ist. Simone will auch helfen und fragt: »Du hast doch jetzt diesen Thermomix. Spart der nicht Zeit und Arbeit?« Maja lacht bitter auf: »Ja, schön wär's. Seit wir den haben, sind die Ansprüche an die Mahlzeiten extrem gestiegen. Das frisst die Arbeitsersparnis mehr als auf.« Ich nicke. Das ist der Fluch des technischen Fortschritts: Je mehr man machen kann, desto mehr wird auch erwartet. Simone fragt sehr vorsichtig: »Wessen Ansprüche sind das denn, die da gestiegen sind?« Maja zuckt mit den Achseln. »Dirks. Die der Kinder. Aber schon auch meine eigenen. Ich will mich nicht gehen lassen. Aber manchmal kann ich einfach nicht mehr.«

Ich frage: »Kocht Dirk denn auch manchmal?« Maja schnaubt. »Ihr kennt doch die Männer! Zweimal im Jahr spektakuläres Show Cooking für Gäste, und die Gans an Weihnachten. Danach müsste eigentlich jedes Mal die Küche renoviert werden. Aber das mühsame tägliche Kochen? Sich jeden Abend oder Morgen Gedanken machen und dafür einkaufen? Das hängt an mir. Ist ja auch in Ordnung, meistens. Aber jetzt kann ich gerade nicht mehr.« Sie sagt diesen Satz heute schon zum dritten Mal. Und bricht nun in Tränen aus.

Simone hat jetzt den Kaffee auf. Richtig wütend poltert sie los: »Und Dirk? Sieht er nicht, wie es dir geht? Nee, er entzieht sich den Aufgaben zu Hause, wie alle Männer. Flucht in die ›Arbeit‹ – so typisch!« Unsere Emanze lehnt sich zufrieden zurück. Sie denkt offenbar, sie habe gerade die Frauensolidarität gestärkt und Maja empowert oder wie das heißt. Aber die wird jetzt mal kurz zur Furie, trotz ihrer Erschöpfung. »Nein, Simone! Dirk arbeitet. Nicht in Anführungszeichen, sondern von früh bis spät, und manchmal auch am Wochenende zu Hause. Ich sehe ja, wie fertig er ist, wenn er nach Hause kommt. Er würde sehr, sehr gerne mehr Zeit mit den Kindern verbringen, aber er schafft einen Großteil des Geldes ran, das wir für das Leben hier brauchen. So einfach ist das. Und da er in der freien Wirtschaft arbeitet ...« – jetzt wird sie ein bisschen gemein – »... und nicht im öffentlichen Dienst, muss er für das Geld tatsächlich arbeiten.« Simone starrt vor sich hin. Und ich weiß mal wieder nicht, zu wem ich halten soll. Bei meiner Arbeit haben viele ein ähnliches Bild vom öffentlichen Dienst wie Maja, und selbst Jens flucht oft über die Arbeitsmoral in der Bildungsbürokratie. Aber ich weiß auch, was Jens als Lehrer leistet. Und wie Simone sich einsetzt und was sie alles zusätzlich macht, um ihre Anliegen voranzubringen. Ihr gegenüber war Majas Seitenhieb also ungerecht. Als ich ihr das sage, lenkt Maja sofort ein. »Ich weiß. Entschuldige. Ich mag nur nicht, wenn man so tut, als wäre alles so einfach. Klare Schuldige – die Männer – und klare Lösungen. Das klingt immer so toll, ›Männer entziehen sich‹, das hab ich schon so oft gehört von oberschlauen Akademikerinnen, die dachten, sie helfen mir damit. Aber wenn ich sehe, wie Dirks Kollegen und Vorgesetzte reagiert haben, als er die zwei Monate Elternzeit genommen hat ... So als schmeiße er gerade seine Karriere weg. Ach so, und hier ist das Gendern übrigens mal wichtig. Denn noch schlimmer waren die Kommentare der kinderlosen Kolleg*innen.«

Ich stimme Maja zu: »Bei uns in der Firma verläuft der tiefste Graben bei so was auch nicht zwischen Frauen und Männern, sondern eher zwischen Eltern und Kinderlosen. Auch Väter leiden darunter, wie familienfeindlich die Arbeit immer noch organisiert ist. Oft finden sie es gut und mutig, wenn ein Kollege mal länger als zwei Monate Elternzeit nimmt. Aber Frauen ohne Kind haben oft wenig Verständnis für die Bedürfnisse von Familien.«

»Wieso sollten sie auch?«, fragt Simone angriffslustig. »Ist ja kein genetisches Frauending, mehr an Kinder und Familie zu denken als Männer. Und zu den tollen Väterkollegen: Wenn eine Beförderung ansteht, greifen sie dann doch gerne zu, ohne den Hausmann in Elternzeit zu fragen, ob er den Job will, wenn er wiederkommt, oder?« Auf den letzten Teil reagieren Maja und ich überhaupt nicht. Wir grübeln immer noch über das mit der Genetik. Ich würde jetzt zu gerne in meine DNA reinspazieren, um einfach mal nachzusehen. Geht aber leider nicht. Politisch gesehen bin ich Simones Meinung – aber ob es biologisch wirklich stimmt, was sie sagt ...? Ich zucke mit den Schultern. »Ist es nicht letztlich egal, ob jahrhundertealte gesellschaftliche Strukturen oder die Gene dafür verantwortlich sind, dass Frauen anders ticken als Männer?« Simone schüttelt entschieden den Kopf: »Nee. Denn gesellschaftliche Verhältnisse kann man verändern. Mit der Biologie ist es schwieriger.« Da kann ich ihr nicht widersprechen. Manches hat sie wirklich besser zu Ende überlegt als ich.

Maja schaltet sich wieder ein. »Hey! Ihr redet wieder so theorielastiges Zeug. Dafür habe ich euch aber nicht hergerufen. Und zu eurer Diskussion eben: Es geht mir nicht darum, ob Dirk sich hier zu Hause drückt. Das Problem sind eher die eingefahrenen Abläufe in seinem Betrieb – und nicht seine Gene.« – »Sag ich doch«, wirft Simone dazwischen. Rechthaben kann sie gut. Maja beachtet sie aber gar nicht und redet einfach weiter: »Wichtige Besprechungen werden immer noch gerne um 17 Uhr 30 angesetzt oder noch später. Wenn Dirk die regelmäßig verpasst, kann er seine Aufstiegsmöglichkeiten vergessen. Ist also nicht so simpel, wie du dir das vorstellst, Simone, mit dem angeblichen Drücken vor der Haus- und Erziehungsarbeit. Aber trotzdem ...« – sie schaut uns hilfesuchend an – »... haben wir uns gestern fürchterlich gestritten. Weil er gar nicht sieht, was ich alles machen und bedenken muss. Er soll es mir ja nicht abnehmen, aber er soll es wenigstens sehen!«

»Worum ging es denn?«, frage ich.

Maja zeigt auf den Zettel, auf dem nur »Klassenfahrt Lennart (ab Mittwoch)« steht. »Darum.«

KNACK DAS MUSS

Der Job, die Familie zu managen, ist zwar unbezahlt und zu wenig anerkannt, aber nicht weniger anstrengend und anspruchsvoll als jede andere Management-Tätigkeit. Wenn du überlastet bist: Sag es laut und deutlich! Du musst nicht so tun, als ginge das mühelos. Es muss etwas verändert werden, und das passiert nur, wenn du Alarm schlägst. Mach deinem Partner klar, was du alles leistest und dass du Entlastung brauchst – indem Aufgaben anders verteilt werden oder wegfallen. Was kann dein Partner übernehmen, was die Kinder? Oder vielleicht eine Haushaltshilfe? Und was muss vielleicht gar nicht mehr gemacht werden, oder nicht so aufwendig und perfekt wie bisher?

OH WEH! LEBENSGEFAHR! KLASSENFAHRT!

ICH MUSS ... MEIN KIND RETTEN

»Was ist denn mit der Klassenfahrt?«, frage ich.

»Ja, so was Ähnliches hat Dirk auch gefragt«, antwortet Maja. »Warum mich denn das so stresse. Man müsse doch nur ein paar Sachen in den Koffer packen und fertig. Da bin ich explodiert.« Simone fragt unsicher nach: »Du, ich kenn mich nicht aus mit Klassenfahrten und so. Was ist denn da alles zu bedenken?«

»Womit soll ich anfangen?«, fragt Maja ironisch. »Mit dem Emotionalen? Dem Praktischen? Der Zeitplanung? Dem Zermürbenden? Den Entscheidungen, die man treffen muss? Den plötzlichen Änderungen?« Simone schluckt und sagt dann: »Egal, womit du anfängst. Ich will es mir einfach besser vorstellen können. Was ist praktisch zu tun vor so einer Klassenfahrt? Fährst du denn da mit? Oder organisierst du das alles?« – »Phhh! Das wäre ja noch schöner! Nee, das ist der Stress, den jetzt gerade alle Mütter haben. Und wahrscheinlich kein einziger Vater. Diese ewige Liste im Kopf, die dauernd länger wird. Dieses Jonglieren mit hundert Aufgaben – das haben nur Mütter. Väter denken ja nicht an das ›Was wäre, wenn ...?‹ Was ist, wenn Lennart krank wird? Oder einen Unfall hat? Wenn er sein Asthmamittel verliert? Wenn es einen Orkan gibt und sie gerade im Wald unterwegs sind? Wenn der Lehrer sich ein Bein bricht? Wenn Lennarts Oma ins Krankenhaus muss? So was beschäftigt Dirk überhaupt nicht.« Ich nicke. »Kenn ich. Wenn ich aufzähle, was alles passieren kann und bedacht werden sollte, sagt Jens, ich solle nicht so pessimistisch sein, das würde ihn runterziehen. Und dann kommt immer mein Lieblings-Hassspruch: *We cross the river, when we come to it.*« Maja guckt verlegen: »Kenn ich nicht, den Spruch. Was heißt das?« Simone springt ein – was etwas ungeschickt ist, weil sie Maja damit vorführt, dass sie sich als Einzige nicht so selbstverständlich im Englischen bewegt wie die »Studierten«, um es in der Sprache meiner Großeltern zu sagen. »Wie wir über den Fluss kommen, entscheiden wir, wenn wir da sind. Dann sehen wir ja, ob da nicht ganz einfach 'ne Brücke ist. Soll heißen: Nicht zu viele Gedanken machen, was passieren könnte.« Man spürt, dass Simone gewisse Sympathien für diese Lebenseinstellung hat, aber Maja lässt sich nicht so leicht beirren. »Ich habe das Gefühl, Dirk sieht tatsächlich nur einen Bruchteil dessen, was mich beschäftigt und was zu bedenken ist. So wie jemand, der sich an den Tisch setzt und glaubt, ›Kochen‹ heißt den Herd ausschalten und das Essen auf den Teller schaufeln, nichts sonst. Aber ich sehe bei allem das Drumherum: Vorlieben und Abneigungen bedenken, Rezept auswählen, Einkaufen, Schnippeln, Vorgaren, Abschmecken, Würzen, Tisch decken und und und …«

»Was heißt das denn konkret bei der Klassenfahrt?« Simone will es offenbar wirklich verstehen und die Details wissen. »Tja. Für Dirk beginnt die Beschäftigung damit am Mittwoch früh, wenn er sich Lennarts gepackten Koffer nimmt, ihn in den Kofferraum wuchtet und den Jungen zur Schule bringt, wo der Bus abfährt. Und dann vergisst er das Thema, bis ich ihm eine Woche später sage, dass er mittags Lennart vom Bus abholen soll. Bei mir hingegen …« – »Ja?« – »Das Thema Klassenfahrt beschäftigt mich seit Monaten. Seit dem Elternabend, bei dem das bekannt gegeben wurde. Dirk war auch da. Er hat, wie die anderen beiden anwesenden Väter, gesagt: ›Wandertour mit Rucksack? Von einer Jugendherberge zur nächsten? Sehr cool!‹ – und es dann ad acta gelegt. Ich hingegen mache mir seither Gedanken darüber. Und Sorgen.« – »Sorgen? Wieso?« Simone fragt ganz arglos. »Sind denn da keine Lehrkräfte dabei?« – »Doch, natürlich. Aber das heißt ja nicht, dass nichts passieren kann. In der Elterngruppe (in der natürlich nur Mütter sind) bin ich aber eher bei den Gelasseneren. Bei manchen hatte ich den Eindruck, die sind bald beim Jugendamt, um diese Klassenfahrt zu verhindern. Was denn sei, wenn ein Kind den Rucksack nicht tragen könne. Oder Höhenangst habe.« Sie tippt sich an die Stirn. »Höhenangst! Im Harz! Oder Heimweh. Oder wenn es plötzlich hagelt. Manche haben sich da richtig reingesteigert, so als wolle die Schule ihr Kind jetzt umbringen. Ein bisschen ansteckend ist so was schon.« Simone schüttelt den Kopf. »Die sollen doch nur ein wenig laufen. Oder klettern die auch?« – »Du redest echt wie Dirk! Wirklich 'ne große Hilfe!«, keilt Maja. Ich beschwichtige: »Maja, Simone fragt, weil sie sich nicht auskennt, nicht, weil sie dir deinen Stress nicht glaubt.« Maja guckt skeptisch, aber sie erzählt immerhin weiter: »Ich hab natürlich vor Wochen angefangen, eine Packliste zu schreiben. Hab die Infos des Klassenlehrers gelesen. Habe Ausrüstung besorgt. Wettervorhersagen studiert. Die Posaunenstunde und den Kontrolltermin beim Zahnarzt abgesagt. Die Vollmacht und den Gesundheitsbrief geschrieben. Die Medikamente für seine Reiseapotheke rausgesucht. Überlegt, ob Freunde von Lennart in der Zeit Geburtstag haben. Ein kleines Geschenk für Niklas besorgt und einigermaßen rucksacksicher verpackt. Gecheckt, ob die Wanderschuhe noch heil sind, und sie imprägniert. Lennart beruhigt, wenn er Sorge hatte, ob er so lange laufen kann. Ihm Tipps gegeben, was er machen kann, wenn er Blasen hat oder wenn der blöde Johann ihn schikaniert. Ihm Handschuhe gestrickt, falls es kalt wird auf dem Brocken.« Simone nickt beeindruckt. Und fragt dann: »Aber dann hast du doch schon alles getan. Was wolltest du denn noch auf den Zettel schreiben?« Maja zuckt mit den Schultern. »Weiß ich ja nicht. Aber es kommt sicher noch was. Irgendeine Überraschung. Mitfahrende Betreuungseltern krank. Jugendherberge abgebrannt.

Busfahrerstreik. Außerdem ist der Koffer ja noch nicht gepackt. Und es gibt ja parallel noch den Alltag, den ich bedenken muss. Wie wird Antonie es verkraften, wenn ihr großer Bruder so lange weg ist? Es ist das erste Mal in ihrem Leben, ich werde sie auffangen müssen.« Ich frage: »Nur du? Nicht Dirk?« – »Ach, mit Kummer kommt sie doch immer zu mir. Das ist dieses besondere Band zwischen Müttern und Töchtern.«

Simone war seit ein paar Minuten in ihr Smartphone vertieft, jetzt hebt sie wieder den Kopf. »Maja, ich weiß, dass du das nicht magst, aber jetzt kommt ein Vortrag. Mit Theorie. Du hast uns zu Hilfe gerufen – und das ist nun mal meine Art zu helfen.«

Maja ergibt sich in ihr Schicksal und nickt. »Dann mal los, Frau Professor.« – »Wenn schon, dann Professor*in*, bitte« grinst Simone und schaut dann kurz auf ihr Display. »Also: Das, was dich stresst, heißt *Mental Load*. Mentale Last. Und damit ist nicht zu spaßen. Meistens haben das Frauen, weil ihnen beigebracht wird, sich um die Familie zu kümmern und alle Bedürfnisse, Nöte und praktischen Aufgaben gleichzeitig im Blick zu behalten. Männer haben das eher bei der Arbeit, aber da gibt es klare Strukturen. Arbeitsteilung. Arbeitszeitregelungen. Einen Betriebsrat. Und vor allem: Anerkennung. Was man im Job leistet, wird gesehen und bezahlt. Das gilt für Carearbeit nicht.« – »Kehrarbeit? Also Fegen?« Maja guckt verwirrt. – »Nein, *care*. Ce A Er E. Das ist Englisch für Sorgen oder Kümmern. Das, was meistens Frauen leisten. Wenn ein Kind krank ist oder der Partner schlimmen Männerschnupfen hat. Oder wenn die Eltern pflegebedürftig werden.« Maja nickt. »Das mit der Anerkennung stimmt. Wenn Dirk wenigstens sehen würde, was ich dauernd erledige und im Kopf habe, könnte ich es leichter aushalten. Ich wäre motivierter. Aber das findet ja alles in meinem Kopf statt. Wie soll er das sehen können?« Ich schalte mich ein: »Das geht wohl nur, wenn er es mal selbst erlebt.« – Simone nickt heftig. »Genau das steht hier. Ist übrigens eine Ratgeberseite für Frauen, vom Ministerium. Hier steht: ›Übergeben Sie Ihrem Partner keine Einzelaufgaben, die Sie sorgfältig vor- und nachbereiten müssen, sondern ganze Aufgabenbereiche‹.« Maja sagt: »Kann ich mir nix drunter vorstellen, sorry. Steht da ein Beispiel?« Während Simone noch scrollt, ist mir schon was eingefallen: »Schwimmbad mit den Kindern. Bisher bereitest du ja immer alles vor, wenn Dirk mit den beiden ins Freibad geht. Du checkst die Öffnungszeiten, legst die Rabattkarten und die Seepferdchen-Bescheinigungen raus, packst die Taschen der Kinder, bereitest Proviant vor, reibst sie mit Sonnencreme ein … Und wenn sie nach Hause kommen, hörst du dir den Kummer über die blöden anderen Kinder auf dem Dreimeterbrett an, räumst die Taschen aus, hängst die Sachen zum Trocknen auf … Wenn Dirk das alles selbst machen muss, dann sieht er besser, was es bedeutet. Und du bist wirklich mal von etwas entlastet.« Maja schaut hektisch von mir zu Simone und zurück. »Ich weiß nicht, ob ich das schaffe. Und ob ich Dirk das zumuten kann.« – »Zumuten oder zutrauen?«, fragt Simone spitz. Aber Maja hört das gar nicht. Uns wird erst jetzt so richtig bewusst, *wie* hilflos sie in ihrem Hamsterrad gefangen ist. Sie fängt hektisch an, mit ihren Listen zu hantieren, Geschirr in die Maschine zu räumen und ihr Smartphone zu checken, so als wären wir gar nicht da. Dann sagt sie plötzlich: »Ihr müsst jetzt bitte gehen. Ich bin gerade todmüde und muss mich hinlegen.« Dabei weint sie stumm, sodass ihr die Tränen herunterlaufen. Simone sagt: »Ja, Maja, wir gehen jetzt, aber mit dir zusammen. Und zwar zum Arzt. So kannst du nicht weitermachen, du musst raus aus dem Karussell. Du hast kein *Mental Load*, sondern *Mental Overload*.« Wie recht sie hat, merken wir an Majas Reaktion: Sie kommt widerstandslos mit und diktiert uns im Auto die Adresse ihrer Hausärztin. Als wir nach zehn Minuten dort ankommen, müssen wir Maja mühsam wecken. Sie schläft tief und fest.

KNACK DAS MUSS

Selbstverständlich willst du in jeder Lebenslage für dein Kind da sein. Doch das brauchst du nicht allein zu tun. Väter sind meistens keine stumpfen Klötze, denen es egal ist, wenn ihr Kind leidet, sie brauchen nur oft etwas länger, um es zu bemerken. Also sprich es klar an und bitte um Unterstützung. Geh die Veränderung rechtzeitig an und schlage frühzeitig Alarm! Wenn du bis zur totalen Erschöpfung durchhältst und dann zusammenklappst, ist niemandem geholfen.

Auch deine Sorgen und Ängste sollst du klar artikulieren. Vieles davon wird dein Partner noch nie bedacht haben. Vielleicht kann er manches annehmen und dir umgekehrt auch manche Sorge nehmen, weil sie übertrieben ist. Sei offen dafür. Eine einmal ausgesprochene Angstfantasie ist nur noch halb so bedrohlich.

PS: Klassenfahrten sind ein tolles Abenteuer, von dem in der Regel alle gesund und gestärkt zurückkommen.

LÄUFT ...

ICH MUSS ... EINE PERFEKTE GASTGEBERIN SEIN

Mein Blick schweift unruhig durch den Raum. Ich lege Simone kurz die Hand auf den Arm: »Merk dir, was du sagen wolltest ...«. Dann springe ich auf, um mit der Weinflasche in der einen und der Wasserkaraffe in der anderen Hand herumzugehen und nachzuschenken. Allerdings sind alle Gläser noch fast voll. Ist es echt erst so kurz her, dass ich nachgeschenkt habe? Im Stress des Gastgeberin-Seins kommt mir allmählich jedes Zeitgefühl abhanden. Als ich wieder bei Simone lande, ist sie erkennbar verstimmt. »Tut mir leid, dass ich dich unterbrochen habe. Ich musste mich kurz kümmern«, sage ich aufgedreht. Ich merke, dass ich es einerseits genieße und andererseits anstrengend finde, wie sehr das Gelingen des Abends von mir abhängt. Ich fühle mich lebendig und aktiv – und zugleich angespannt und ein bisschen fertig.

Simone geht leider nicht so leicht darüber hinweg, wie ich gehofft hatte. »Anne, das war das zehnte Mal, dass ich den Satz angefangen habe. Du bist echt nicht richtig da. Außerdem verbreitest du eine ungeheure Unruhe. Ich schätze, das fällt nicht nur mir auf. Für eine Unterhaltung zwischen uns ist heute wohl einfach nicht der richtige Abend.« Das trifft mich wie ein Keulenschlag. Ich bin viel zu flatterig, um mich jetzt mit Kritik auseinandersetzen zu können. Und ich finde Simone ziemlich unsolidarisch. Daher werde ich leider zickig: »Na, danke schön! Wirklich dein Ernst? Siehst du nicht, was hier los ist? Wir haben über zwanzig Gäste, um die ich mich kümmern muss, und statt mir zu helfen, kackst du mich jetzt auch noch an.« Simone steht auf. »Komm mal runter. Maja und ich haben dir mehrfach Hilfe angeboten, vor der Party und seit dem Beginn. Aber du hast gesagt, ihr würdet das schon alleine schaffen. Von dem ›ihr‹ sehe ich allerdings gerade nicht viel.« Damit schlendert sie hinüber zu Katharina und Jessi und lässt sich dort auf einen Stuhl plumpsen. Ich bleibe frustriert zurück. Natürlich habe ich ihr unrecht getan – aber ist das nicht verständlich, bei dem Stress? Die Vorbereitungen bis zur letzten Minute; Jens, der viel zu spät von der Arbeit kam und sich dann vor allem auf die Spielerei mit seinem Bierfass und seiner Zapfanlage konzentrierte, während ich Stühle schleppte; und seit die Gäste da sind, sorge ich dafür, dass es an nichts fehlt. Ich husche wie ein dienstbarer Geist zwischen der Küche und den beiden Räumen hin und her. Dass ich mich beim Anbieten der Blätterteigsnacks und der Getränke ab und zu mal irgendwo zwischendrängeln und auch mal ein Gespräch unterbrechen muss, ist natürlich nicht zu vermeiden. Das muss man als gute Gastgeberin eben in Kauf nehmen. Hauptsache, es fühlen sich alle wohl.

Für wen das ohne Zweifel gilt, ist mein unvergleichlicher Lebensgefährte und Mitgastgeber. Jens liegt mehr in seinem Sessel, als dass er sitzt, und unterhält sich tiefenentspannt mit seinen Kumpels. Gerade höre ich ihn mal wieder seine Lebensphilosophie zum Besten geben: »Ich glaube, ich bin deshalb so zufrieden, weil ich nicht so viel über die Vergangenheit und die Zukunft nachdenke. Ich lebe vor allem in der Gegenwart.« Und kokett fügt er hinzu: »Deshalb bin ich wahrscheinlich so vergesslich.« Und dann erzählt er tatsächlich die Geschichte von neulich früh, vom vergessenen Geburtstag des Patensohns bis zum verbummelten Ladegerät, mit sich selbst als trotteligem Helden. Völlig schmerzfrei, dieser Mann. Und vor allem so mit sich und der Gegenwart beschäftigt, dass er überhaupt nicht mitbekommt, wie ich rotiere und dass es für ihn als Gastgeber ab und zu mal was zu tun gäbe. Er muss nicht mal bewusst wegschauen, wie das Kellnerinnen und Kellner so meisterhaft beherrschen – er sieht die Aufgaben auch nicht, wenn sie direkt vor ihm liegen.

Apropos Kellnerin: Ich glaube, Bernd hat nichts mehr zu

trinken. Und das Schälchen mit dem Knabberzeug bei Jessi, Katharina und *meiner* Simone ist auch leer, wie ich bei einem meiner etwas eifersüchtigen Blicke dort hinüber bemerke. Die drei Frauen amüsieren sich offenbar prächtig. Ich beschließe, dass es mir jetzt mal reicht mit Jens' passiver Interpretation seiner Gastgeberrolle. Weil ich keine schlechte Stimmung auf der Party machen will, versuche ich, ihn konspirativ aus seinem Sessel in die Küche zu locken, um ihn dort unter vier Augen zu bitten, sich mal zu beteiligen. Aber meine eindringlichen Blicke nützen nichts. Er schaut stieselig und etwas glasig zurück und winkt mir blöde zu. Oh Gott, er hat schon einen im Tee! Höchste Zeit, ihn da mal rauszuholen und für eine Stunde auf Mineralwasser zu setzen. Ich nähere mich möglichst beiläufig seiner Sitzecke und bleibe neben ihm stehen. Während ich seine aufgeräumten und schon recht lauten Kumpels anlächle, drücke ich unauffällig meinen Unterschenkel gegen sein Bein. Hilft leider nichts. Während wir Frauen auch Botschaften lesen können, die in Geheimschrift, Schriftgröße 4, und auf dem Kopf stehend geschrieben sind (und manchmal gar nicht für uns gedacht waren), kann man Männern ein DIN-A2-Schild aus Massivholz mit der Botschaft drauf über den Schädel hauen – und sie kapieren es immer noch nicht. Jens hat sein Bein einfach weggenommen und schwadroniert weiter über die technischen Möglichkeiten seiner neuen Musikanlage. Die anwesenden Frauen gähnen schon und schauen sich unauffällig nach interessanteren Gesprächsrunden um. So was könnte mir nie passieren. Ich würde es sofort spüren, wenn meine Themen manche am Tisch langweilen. Männer aber sind in der Lage, eine Partyrunde oder eine Tischgesellschaft stundenlang ungerührt mit detaillierten und pointenfreien Erzählungen über die Reparatur ihres Rasenmähers oder eine zwanzig Jahre zurückliegende Dienstbesprechung in Haselünne anzuöden. Sie halten sich einfach selbst für ein umwerfend interessantes Gesprächsthema und sind tief ergriffen von der eigenen Bedeutung. Langsam werde ich wütend. Dennoch ist mein heimlicher Tritt auf Jens' linken Fuß wirklich sanft. Aber er reicht aus, damit er endlich reagiert. Allerdings anders als erhofft. »Hey!«, mault er laut und spaßhaft übertrieben. »Wieso trittst du mich denn? Willst du mich mal wieder unauffällig erziehen? Sag ruhig, was los ist. Ich heime keine Gehabnisse vor mein... mein Freunden.« Oh weh, er ist schon mehr als nur beschwipst. Wütend funkle ich ihn an: »Einige deiner Gäste haben nichts mehr zu trinken. Aber lass nur – Frauchen kümmert sich schon.« Und damit rausche ich ab. Hinter mir ist zunächst Stille, dann macht Jens irgendeinen groben Spruch, über den aber nur er und sein prolliger Kumpel Marcel lachen. Doch die Stimmung ist eindeutig gekippt. Die ersten Gäste schauen auf ihre Smartphones, murmeln »Schon ganz schön spät« und machen sich bereit zum Gehen. Mir fehlt jede Energie, die Stimmung noch mal rumzureißen – und auch jede Lust.

Am Ende läuft es wie bei jeder Party: Alle Gäste sind weg, Jens liegt betrunken im Sessel und schläft, und Simone und ich stehen in der Küche, um wegzuräumen, was Maja uns übrig gelassen hat. Wie immer hat sie sich zwischendurch hierher geschlichen, die Spülmaschine eingeräumt und angemacht und das gröbste Chaos beseitigt. Sie kann es einfach nicht lassen. Aber weil sie so müde war, ist sie als eine der ersten gegangen – obwohl Dirk gerne noch geblieben wäre. Er mag die Jungsrunden rund um Jens und seine Kumpel. Natürlich.

»Sag mal ehrlich, Simone: Hab ich jetzt wieder die Party gecrasht?« – »Was heißt hier wieder? Nein, hast du nicht. Hast du noch nie. Zieh dir diesen Schuh bloß nicht an! Das war mal wieder Jens, durch seine Weigerung, ein erwachsener Gastgeber zu sein.« – »Aber er arbeitet doch so viel! Und er mag dieses Abhängen und Saufen mit seinen Kumpels so. Muss ich ihm diese Entspannung nicht gönnen?« Simone wird sauer: »Sag mal, spinnst du?! Du arbeitest auch viel. Und ihr Kumpelzeugs können sie in der Kneipe machen. Aber hier ging es heute um eure gemeinsamen Freunde. Und übrigens um die Nachfeier *deines* Geburtstags. Da kann man wohl was anderes von ihm erwarten als ... das da.« Sie zeigt genervt auf Jens, der in seinem besoffenen Schlaf vor sich hinsabbert und schnarcht wie ein Ochse.

Ich schaue mich um. »Packst du noch mit an, um hier klar Schiff zu machen? Hilft ja nix.«

Simone schüttelt den Kopf. »Nichts da! Wir räumen das Verderbliche in den Kühlschrank und schauen, ob irgendwo ein Schaden entsteht, wenn wir es jetzt nicht aufräumen. Den Rest soll dein toller Held machen, von dem du immer so schwärmst.«

Es fällt mir zwar schwer, aber sie hat recht. Ich gönne Jens die morgendliche, verkaterte Aufräumsession so richtig. Dann ruft Simone mich ins Wohnzimmer. Halb grinsend und halb bekümmert zeigt sie auf eine umgefallene Likörflasche, die auf Jens' neuer Anlage liegt. Marcel! Beim Aufstehen hat er das Gleichgewicht verloren und sich nicht darum geschert, was er umgeschmissen hat. Da die Flasche noch nicht leer ist, rinnt das klebrige Zeugs jetzt ganz langsam heraus und läuft auf die Lüftungsschlitze zu. Simone fragt: »Hast du mal n Lappen? Sonst ist die schöne neue Anlage hin.«

Mit einem Blick auf Jens entscheide ich: »Kein Lappen. Und die Flasche bleibt genau so liegen.« Versonnen folge ich dem kleinen, zähflüssigen Likörbach. »Ich finde, das läuft hier gerade genau in die richtige Richtung.« Simone starrt mich kurz völlig verdattert an und prustet dann los. Tja, manchmal kann ich eben auch Humor. Ich muss nur sauer genug sein. Ich nehme sie bei der Hand. »Komm, wir gehen schlafen. Dein Gästebett hab ich vorhin schon bezogen. Natürlich.«

KNACK DAS MUSS

Erste Regel, wenn ihr eine Party oder ein Essen veranstaltet: Du musst keine perfekte Gastgeberin sein und dafür sorgen, dass alle sich wohlfühlen! Die Leute können und wollen sich in der Regel selbst darum kümmern. Und wenn du etwas lockerer lässt, haben anderen die Möglichkeit und die Aufgabe, mit anzupacken. Deinen Co-Gastgeber kannst du gerne diskret daran erinnern. Außerdem kennst du es doch selbst, wie ungemütlich es werden kann, wenn Gastgeber*innen perfektionistisch und überfürsorglich sind. Also vermeide, dass jedes angeregte Tischgespräch erstickt wird, weil alle dauernd auf die Frage antworten müssen, ob sie noch Wein wollen oder einen Nachschlag, oder weil Geschirr und Besteck abgetragen und neues hingestellt wird oder, oder, oder ... Eine entspannte Gastgeberin ist ein wichtiger Faktor für eine entspannte Atmosphäre – und umgekehrt. Wessen Glas leer ist, der schenkt sich selbst nach oder fragt. Aber vor allem: Lad dir die Verantwortung nicht alleine auf.

»IMMER MIT PFIFF, UNSERE DAMEN«

ICH MUSS ... FÜR GUTE STIMMUNG SORGEN

»Fällt Ihnen etwas auf?« Die Trainerin blickt in die Runde. Wir haben heute wieder unser jährliches internes Coaching. *Motivationsschulung. Schulungseinheit für Führungskräfte und ausgewählte Verantwortungsträgerinnen und Verantwortungsträger* lautet diesmal der schlanke und total einladende Titel der Veranstaltung. Ich hebe zögernd den Arm, aber anders als bei den letzten Malen nimmt Frau Kattner mich nicht einfach dran. Ich dachte ja, sie ist erleichtert, dass sich überhaupt jemand meldet, aber anscheinend will sie hier nun irgendwas Grundsätzliches klären.

Sie spricht jetzt direkt unseren CEO an. Ich halte kurz den Atem an – aber das ist ja das Gute an Coachings: Da sind alle gleich, und auch Titel zählen nichts. »Herr Schubert.« Einige von uns schauen betreten nach unten. Sie kann ja nicht wissen, wie eitel er stets darauf achtet, dass sein Doktortitel immer mitgenannt wird. Oder ignoriert sie es bewusst? Er schaut sie an wie ein kleiner Junge in der Schule und schließt unauffällig die Mappe, in der er bisher gelesen hat. »Wir haben vor einer Stunde begonnen. Wie nehmen Sie die Stimmung hier im Raum wahr?« Der Vorstand zuckt mit den Achseln. »Vielleicht etwas zäh?«

Frau Kattner nickt und schaut in die Runde. »Wie geht es den anderen?« Sabrina aus dem Controlling meldet sich. »Das Timing das Coachings ist diesmal ziemlich unglücklich. Wir hatten bis vorgestern die Halbjahrestagung, und alle haben jetzt den Schreibtisch voll mit dringenden Aufgaben.« Frau Kattner nickt. »Ja, das ist mir klar. Mir war diese Terminkonstellation durchaus bewusst. Wie so vieles passt es eigentlich nie so richtig. Ein Problem, das sicher auch viele Ihrer Mitarbeiterinnen und Mitarbeiter haben, wenn Sie sie ganz schnell für etwas brauchen. Genau dann aber ist gute Motivation besonders wichtig. Deshalb sitzen wir heute hier – trotz voller Schreibtische.« Dann schaut sie Sabrina an und sagt etwas ironisch, aber doch freundlich: »Ich danke Ihnen, dass Sie es übernommen haben, für alle Teilnehmerinnen und Teilnehmer hier um Verständnis zu werben, Frau Czepalla.« Sie achtet *sehr* sorgfältig und bewusst auf das Gendern, und ich weiß nie, ob ich davon genervt sein darf oder ob ich ihr dankbar sein muss, dass sie sich so einsetzt für unsere sprachliche Gleichstellung. Schon wieder so eine Muss-Frage ...

Wie eine Lehrerin in der Schule wendet sie sich jetzt an Christoph. »Wie verstehen Sie das Thema unseres heutigen Coachings?« Mein Chef will offenbar witzig sein und beim CEO punkten und erwidert pampig: »Na, dass wir motiviert werden sollen. Hat ja bisher nur so semi geklappt.« Frau Kattner übergeht seine Provokation und sein pubertäres Grinsen einfach und wendet sich wieder der Runde zu. »Verstehen alle das Thema so wie Herr ...« – demonstrativ schaut sie auf das Schild vor Christoph, obwohl sie alles perfekt draufhat und vorhin jeden mit Namen begrüßt hat – »... Herr Prager?«

Alle fünfzehn Anwesenden schauen nach unten und schweigen. Bis ich es nicht mehr aushalte und mich melde. »Ging es nicht eher darum, wie *wir* die Leute motivieren können? Wir selbst sollten ja eigentlich ...« Ich traue mich nicht, den Satz in Gegenwart des offensichtlich gelangweilten CEO zu beenden, aber es wissen auch so alle, wer und was gemeint ist, wie das unterdrückte Kichern einiger beweist.

Frau Kattner nickt. »Und wie kriegt man das hin? Herr Schubert, stellen Sie sich vor, Sie haben es mit einer so ... zähen Runde zu tun wie wir hier gerade, sind aber darauf angewiesen, dass diese Runde kreative Ergebnisse erzielt. Dass sie vorankommt. Was braucht es dafür?« Der Vorstand kann sich jetzt nicht mehr beherrschen. »Zum Beispiel die respektvolle Ansprache aller Teilnehmer. Dr. Schubert ist mein Name. Der Doktor ist amtlicher Bestandteil meines Namens.« Frau Kattner bleibt völlig souverän und nickt. »Wichtiger Punkt. Wertschätzung für Dinge, die unserem Gegenüber wichtig sind. Hindernisse benennen und dadurch wegräumen. Gibt es Weiteres?« Andrea, unsere Werbeleiterin, schiebt ihren Halsbonbon in die Wange und sagt etwas verwaschen: »Es braucht jemanden, der sich aktiv beteiligt. Der immer wieder anschiebt, und der die anderen dann hoffentlich mitreißt. Einen Motivator eben. Und zwar ohne abgedroschene Sprüche aus Führungskräfteseminaren. Oh, Entschuldigung!« Andrea kapiert erst jetzt, was sie da gesagt hat, aber Frau Kattner grinst wissend und sagt: »Kein Problem. Ich weiß genau, was Sie meinen.« Doch dann legt sie die Stirn in Falten. »Da Sie eben nicht gegendert haben, Frau Dohrweiler, verzichte ich jetzt auch mal bewusst darauf. Haben wir einen solchen Motivator hier im Raum?« Jetzt fällt der Groschen bei den meisten. Fast alle Köpfe drehen sich zu mir, und Sabrina sagt. »Klar, Anne.«

Frau Kattner nickt. »Das nehme ich auch so wahr. Frau Berg hat sich als Einzige bemüht, gegen die lethargische Stimmung anzuarbeiten, seit wir begonnen haben. Und ich danke Ihnen dafür, Frau Berg. Das hat mir meine Arbeit erleichtert. Gibt es noch andere in diesem Kreis, die in solchen Situationen Verantwortung übernehmen für eine positive Stimmung?« Tom aus dem Vertrieb bekommt zum ersten Mal heute den Mund auf. »Na, Andrea und Sabrina haben dafür schon auch ein Händchen.« Er hofft erkennbar auf einen dankbaren Blick von Andrea. Es ist ein offenes Geheimnis in der Firma, dass die beiden mindestens einen Flirt haben, auch wenn sie auf rührende Weise versuchen, es geheim zu halten. Arbeit ist echt manchmal wie Schule.

Frau Kattner ist jetzt offenbar an dem Punkt, um den es ihr ging. »Drei Frauen also. Frau Berg, Frau Dohrweiler und Frau

Czepalla. Das ist auch meine Wahrnehmung. Frau Berg hat versucht, die Passivität zu durchbrechen, indem sie sich permanent und als Einzige beteiligt hat. Und Frau Czepalla« – sie schaut Sabrina an – »... Frau Czepalla hat für Sie alle den Grund der Zähigkeit genannt, hat Sie also in Schutz genommen, als ich wissen wollte, wieso wir so eine lethargische Stimmung haben hier. Halten Sie es für Zufall, dass es sich um Frauen handelt?«

Und dann kommt Dr. Schuberts großer Auftritt als Frauenversteher. »Natürlich ist das kein Zufall. Das ist genau das, warum Frauen irgendwo so wertvoll sind für unser Unternehmen. Für die Stimmung. Für die Empathie. Für das Einfühlungsvermögen. Für die gute Laune. Ich schätze an unseren Frauen, dass sie irgendwo hilfsbereiter sind als die Männer. Sie geben eher, als zu fordern. Ich nehme sie auch als irgendwo fairer wahr. Und nicht zuletzt ist ihre Anwesenheit eine ästhetische Wohltat. Schauen wir uns doch nur mal um hier. Die Männer – meine Wenigkeit eingeschlossen – im Nullachtfünfzehn-Look irgendwo. Dagegen die drei Kolleginnen: immer adrett, immer gepflegt, immer wie aus dem Ei gepellt, immer mit Pfiff. Und fast immer ein Lächeln auf den Lippen. Das gleicht den manchmal fehlenden Ehrgeiz mehr als aus. Die Emotionalität läuft zwar irgendwo manchmal aus dem Ruder, aber insgesamt tut sie dem Unternehmen sehr, sehr gut. Ohne unsere Frauen wären wir definitiv ärmer.«

Hochzufrieden lehnt unser Vorstand sich zurück. Er scheint diese peinliche Lobrede inklusive seiner schrecklichen »Irgendwo«-Marotte tatsächlich ernst gemeint zu haben. Dass er ein Frauenbild von gestern oder vorgestern offenbart hat, scheint ihm nicht bewusst zu sein. Manche im Unternehmen nennen ihn hinter vorgehaltener Hand manchmal bissig »den Seniorchef«, obwohl es gar keinen Junior gibt. Spätestens jetzt weiß ich, warum.

Während seiner absurden Ansprache habe ich schon bemerkt, dass es Sabrina kaum noch auf ihrem Stuhl gehalten hat. Kein Wunder – sie ist bei der Besetzung der Abteilungsleitung schon dreimal übergangen worden, trotz hervorragender Leistungen und klar geäußerter Ambition. Dreimal wurde ihr ein Mann vor die Nase gesetzt, der sich nach spätestens einem Jahr als ungeeignet erwies. Dieser Frust muss jetzt raus: Mit sich überschlagender Stimme schreit sie in Richtung Dr. Schubert: »Fehlender Ehrgeiz, ja? Geben statt Fordern, ja? Wie aus dem Ei gepellt, ja? Ich fasse es nicht!« Und mit einem unartikulierten Schrei springt sie auf und läuft heulend aus dem Raum. Alle sind kurz erstarrt, aber die anwesenden Männer fangen sich schnell wieder und nicken. War ihnen ja klar. Der CEO hat's ja gesagt. Die Emotionen. Dieses Zickige eben. Könnte ihnen nicht passieren, hier einfach loszuheulen und dann noch den obersten Boss anzuschreien. Wie kann man nur so blöd sein?

Niemand kommt auf die Idee, Sabrina nachzulaufen, um sie zu trösten. Außer Andrea und mir. Wir verständigen uns mit Blicken, dann stehe ich auf und gehe in Richtung Tür. Ich höre noch, wie Frau Kattner mit kaum kontrolliertem Sarkasmus und etwas brüchiger Stimme feststellt: »Auch fürs Trösten scheinen in diesem Unternehmen die Frauen zuständig zu sein.« Aber bevor sie ganz aus der Rolle fällt, verkündet sie sachlich-kühl: »Wir machen außerplanmäßig eine Pause von zehn Minuten.«

In der Pause stehe ich mit Sabrina und Andrea zusammen. Wir sprechen über die vergangenen anderthalb Stunden. Bevor wir wieder reingehen, will ich den beiden noch etwas zuflüstern und winke sie nahe zu mir heran. Wir stecken die Köpfe zusammen. In dem Moment läuft Horst Schubert von der Packstelle vorbei und kann es mal wieder nicht lassen. »Na? Mal wieder Intrigen schmieden?« Ich fahre herum und nenne ihn bei dem Spitznamen, der unter den Frauen in der Firma kursiert. »Hau einfach ab, du Klischee-Horst!« Ich wirke dabei offenbar so bedrohlich, dass er tatsächlich den Schwanz einzieht und sich wortlos verdrückt. Eine ganz neue Erfahrung. Normalerweise würde er jetzt laut »Diskriminierung« oder »Beleidigung« schreien und zur Personalchefin rennen, aber er merkt wohl, dass das diesmal keine gute Idee wäre. Frau Dittberner steht nämlich nur zwei Meter entfernt und hat seinen Spruch mitbekommen.

Ich wende mich wieder den beiden Kolleginnen zu. »Vorschlag: Wenn es jetzt weitergeht, fühlen wir uns mal nicht verantwortlich. Wir melden uns auf keinen Fall zu Wort. Mindestens 'ne Viertelstunde lang. Notfalls setzt ihr euch auf eure Hände. Ich glaube, Frau Kattner wird es verstehen. Und sogar gut finden.«

Als wir in den Raum kommen, steht die Trainerin schon vorne. Sie hat sich wieder vollkommen im Griff. Mit aufeinandergelegten Fingerspitzen sagt sie: »Zunächst eine Selbstverständlichkeit: Was hier im Raum geschieht, bleibt hier im Raum. Emotionen gehören bei Coachings dazu. Konsequenzen irgendeiner Art sind laut meiner Vereinbarung mit der Geschäftsführung ausgeschlossen, solange es nicht um persönliche Beleidigungen oder gar tätliche Übergriffe geht. Also, Herr Dr. Schubert: Schwamm drüber. Ja?« Der Vorstand nickt grimmig, und bei Sabrina spüre ich ein leichtes Aufatmen.

Dann schlägt Frau Kattner das oberste Blatt ihres Flipcharts um. Auf dem nächsten Blatt steht nur eine Frage:

»WER MOTIVIERT?«

Sie wendet sich uns zu: »Abweichend von meinem eigentlichen Konzept möchte ich mit Ihnen gerne die folgende Frage besprechen: Ist es gut für das Unternehmen, wenn Verantwortung einseitig verteilt ist? Wenn nur Frauen sich verantwortlich fühlen für eine gute Stimmung und die Motivation? Und wenn nur Männer zu wissen scheinen, dass die Ellenbogen zur menschlichen Anatomie gehören und manchmal eingesetzt werden sollten? Heben Sie damit wirklich optimal Ihre Potenziale als Firma? Das ist jetzt unser Thema.«

Ich verschränke die Arme vor der Brust und denke: Na, dann mal viel Spaß, Jungs. Wir sind gespannt.

KNACK DAS MUSS

Gut möglich, dass du die (schlechte) Stimmung anderer automatisch wahrnimmst. Aber wer sagt, dass du immer für gute *vibrations* sorgen musst? Setz dich öfter mal auf deine Hände. Und nimm dir vor, erst mal nichts zu sagen und zu tun, wenn mal wieder jemand gebraucht wird, der oder die den Karren aus dem Dreck zieht oder die Stimmung wieder hebt. Sicher kannst du es schwer ertragen, wenn alles so in der Luft hängt und niemand sich verantwortlich fühlt. Aber vertrau drauf, dass auch andere es nicht gut ertragen. Sie werden sich irgendwann aufraffen. Je öfter du die Verantwortung übernimmst, desto mehr verlassen die anderen sich auf dich, und am Ende hängt wirklich alles an dir. Willst du das?

LINEDANCE ODER GAELIC FOOTBALL?

ICH MUSS ... ANGEMESSEN »WEIBLICHE« HOBBYS HABEN

Ich feile mal wieder an meinem Instagram-Profil. Das ist immer eine Mischung aus lästiger Pflicht und Spaß, deshalb mache ich es am liebsten in Gesellschaft meiner besten Freundinnen und Beraterinnen. Auch wenn die sich selten einig sind.

»Hobbys. Hmm. Das find ich immer schwierig. Was schreibt ihr denn da so hin?«

»Schau doch einfach nach«, schlägt Simone trocken vor. Ich gehe auf ihr Profil und studiere grübelnd, was das steht: »Gaelic Football? Was soll denn das sein?« Simone zieht ihr rechtes Hosenbein hoch und legt ein völlig blaues und irgendwie zerbeult aussehendes Schienbein frei. Dabei lacht sie und sagt: »Das hier ist Gaelic Football. Das, was meine alten Knochen ruiniert.« Maja und mir fallen fast die Augen aus dem Kopf. »Was ist denn da passiert? Ein Unfall?« Simone schüttelt grinsend den Kopf: »Eher der Normalfall«. Ich kratze mich am Kopf. »Hab ich noch nie gehört. Ist das so was wie Fußball?« Simone grinst und meint: »Meine Trainerin hat mal gesagt, Gaelic Football verhalte sich zu Fußball wie Pogo zu Polka. Es ist viel härter. Eher ein Mix aus Fußball und Rugby. Und ein bisschen Volleyball ist auch dabei. Es ist jedenfalls sehr schnell und sehr hart.« Ich staune. »Und das hältst du körperlich durch?« – »Na ja, maximal drei Minuten. Ich bin eigentlich nur Zuschauerin und ehrenamtliche Teambetreuerin. Aber damit ich weiß, was die Mädels da einstecken müssen, habe ich mir einen Spielerpass besorgt und stehe am Anfang manchmal mit auf dem Feld.« Maja stichelt: »Muss es nicht Spieler*innen*pass heißen?«

Dann rückt sie mit dem heraus, was sie eigentlich bewegt: »Ich weiß ja, dass ich für dich jetzt wieder klinge wie meine eigene Oma, aber: Findest du das ein passendes Hobby? Also, für eine Frau? Ich würde so was jedenfalls niemals in mein Profil schreiben.« Simone reagiert angefasst, wie zu erwarten: »Was heißt denn ›passend für eine Frau?‹ Frauen sollen manche Dinge nicht tun, die Männer machen? Wer legt denn bitte so was fest?« Maja zuckt unsicher mit den Schultern. »Ich will es ja nicht verbieten, ich wollte nur mal fragen. Mir kommt es so brutal vor. So wilde-Kerle-mäßig. Ich finde, damit signalisiert man irgendwie … nichts sehr Weibliches.« Simone lässt nicht locker. »Wer definiert denn bitte, was weibliche Hobbys sind? Ich habe jedenfalls keine Lust, auf Kochen, Häkeln, Stricken reduziert zu werden. Oder auf Linedance!« Das Letzte sagt sie mit geradezu angewidertem Gesicht – ohne zu ahnen, dass jetzt auch sie in ein Fettnäpfchen getreten ist. Maja fragt erst einmal nach, aber sie hat dabei etwa Lauerndes: »Was ist denn das Problem mit Linedance?« Simone schaut verblüfft, so als sei die Antwort völlig selbstverständlich: »Linedance ist doch der Inbegriff der Spießigkeit. Sowas machen doch … Trump-Fans mit Cowboyhüten. Oder … AfD-Frauen auf dem Schützenfest oder so.« Jetzt explodiert Maja mal so richtig. Sie haut auf den Tisch, dass das Besteck einen Linedance hinlegt, und faucht Simone an: »Manchmal bist du einfach nur eine … arrogante Großstadtschnepfe, Simone! Echt! So überheblich ist das! Und ohne jede Ahnung! Zur Information: Meine Mutter macht Linedance. Und die wählt SPD. Aber sie wohnt auf dem Dorf. Damit ist sie in deinen Augen natürlich eine Nazi-Oma aus der Kaiserzeit.« Simone ist so erschrocken, dass sie nicht mal Majas Vermischung historischer Epochen richtigstellt. Sie guckt richtig verlegen und weiß nicht, was sie sagen soll. Ich versuche, die Situation zu entspannen, und frage Maja: »Erzähl mal mehr von Linedance. Ich weiß gar nicht so genau, was das ist.« Maja sagt zuerst bockig: »Dann frag doch Simone, die weiß ja offenbar alles. Die kennt sich so richtig aus!« Dann fügt sie aber doch hinzu: »Meine Mutter ist einmal die Woche da. Da trifft sie die anderen Frauen aus dem Dorf und ist danach gut ausgepowert. Seit sie das macht, ist sie viel fitter als früher. Und viel zufriedener. Und ...« – grimmiger Seitenblick in Richtung Simone – »... sie tragen beim Training übrigens keine Hakenkreuze, dafür ist aber ein Mann dabei. Igitt.« Ich horche auf: »Ach so? Ich dachte, Linedance sei ein reines Frauending?« Maja lacht unsicher: »Na ja, wie man's nimmt. Es ist der schwule Musiklehrer der Gesamtschule dort. Der macht ihnen natürlich allen was vor in Sachen Rhythmusgefühl. Linedance ist ein Hobby für Frauen *und* für Männer.«

Simone sitzt inzwischen da wie ein Häufchen Elend. »Manchmal könnte ich mich echt ohrfeigen. Entschuldige, Maja. Ich wollte deine Mutter nicht beleidigen. Ich wusste tatsächlich zu wenig über Linedance und hab Zeugs aus den sozialen Netzwerken nachgeplappert. Mir ist das kulturell zwar weiterhin fremd, aber was ich darüber gesagt habe, war Blödsinn. Verzeihst du mir? Mal wieder?« Maja knurrt etwas Unverständliches, das man nur als »Entschuldigung akzeptiert« erkennt, wenn man sie gut kennt. Ich poche auf mein Telefon: »Was mein Problem angeht, sind wir noch kein Stück weiter. Was schreibe ich bei Hobbys?« – »Was steht denn bisher da? Lass mal sehen: Hochgebirgswandern. Backen. Lesen. Klingt doch okay.« Ich schüttle den Kopf: »In den Alpen bin ich zuletzt 2011 gewandert. Das fällt ja auf, wenn ich nie was poste, das zu meinen Angaben passt. Huch, mir fällt gerade auf, dass ›Angabe‹ und ›Angeben‹ wohl nicht zufällig so ähnlich klingen.« Simone lacht übertrieben laut. »Der war ja gut!« Sie ist offensichtlich erleichtert, dass die Stimmung wieder einigermaßen entspannt ist, und deshalb bereit, auch harmlose Scherze zu feiern. Ich grüble weiter. »Also Bergwandern ist einfach nicht mehr wahr. Höchstens Wandern. Und Backen? Wenn ich ehrlich bin, backt Jens viel besser als ich. Ich mag das nicht, wenn man sich so genau ans Rezept halten muss, damit es klappt. Das ist eher was für Jens. Klare

Vorgaben, klare Mengenabgaben, Schritt eins, Schritt zwei, Schritt drei. Wenn, dann koche ich lieber, und experimentiere rum. Aber Kochen als Hobby im Profil? Als emanzipierte Frau? Geht gar nicht, oder? Ich müsste doch eher so was nehmen wie Astronomie oder so. Oder Heimwerken. Ach ja, das ginge! Soll ich einfach das nehmen?« Wandern, Lesen, Heimwerken – ich bin ganz zufrieden mit meiner Idee für den neuen Eintrag, aber meine Frage fällt irgendwie ins Leere. Als ich hochschaue, sehe ich, warum. Maja starrt ziemlich apathisch vor sich hin, während ihr stumme Tränen herunterlaufen. Simone fragt besorgt: »Ist es immer noch wegen meiner blöden Linedance-Sprüche?« Maja schüttelt den Kopf und antwortet tonlos: »Dass ihr noch Zeit habt für Hobbys! Und Kraft! Ich hab alles aus der Rubrik gelöscht bei mir. Würden ja alle merken, dass ich nichts davon schaffe. Diese permanente Erwartung, ich müsse aktiv sein und was für mich tun, die stresst mich dermaßen. Ich hasse gerade nichts mehr als die Frage: ›Und? Tust du auch mal was für dich?‹ Ich will einfach nur in Ruhe gelassen werden. Das einzige Hobby, das mir einfällt, ist Schlafen. Und vielleicht noch Glotzen und dabei Schokolade fressen. Aber das käme ja wohl noch schlechter an als Linedance.«

Offensichtlich haben wir weitaus wichtigere Themen als Hobbys.

KNACK DAS MUSS

Wenn du einen Menschen kennenlernst – was interessiert dich dann? Wie er gesehen werden will oder wie er wirklich ist? Na also! Trau dich, du selbst zu sein und dich zu dem zu bekennen, was du wirklich willst. In den sozialen Netzwerken genauso wie im wahren Leben. Du musst dich nicht auf irgendeine vermeintlich optimale Weise präsentieren.

Weder in den sozialen Netzwerken noch sonst irgendwo. Ja, vielleicht gibt es Menschen, die dich daraufhin langweilig oder doof finden. Aber wären sie deine Freundschaft wirklich wert gewesen? Also: Mach, was dich erfüllt, und erzähl von deiner Leidenschaft. »Weiblich« oder »männlich« spielt keine Rolle. Von diesen Schubladen kannst du dich befreien. Es wird sich gut anfühlen, wenn du dir bestimmte Gedanken nicht mehr machen musst. Versprochen.

MUTTER-KIND ODER KUR?

ICH DARF NICHT ... MEINE KINDER IM STICH LASSEN

»Mensch, wie ging das überhaupt weiter, nachdem du bei der Ärztin warst neulich?«, frage ich. Seit wir Maja notfallmäßig in die Praxis gebracht haben, wo sie nach der Blutabnahme erst mal ein Beruhigungsmittel und »was zum Schlafen« bekommen hatte, haben wir gar nicht mehr ausführlicher gesprochen. Maja streicht sich mit den Händen einmal heftig durchs Gesicht, über die Wangen in Richtung Augen. Sie wirkt dabei soooo müde, dass ich ihr am liebsten sofort unsere Schlafcouch anbieten würde. Aber jetzt will sie reden. Also sozusagen die andere Couch. Sie scheint froh, dass wir das Thema Hobbys verlassen. Das kommt ihr im Moment wohl oberflächlich vor. Oder es übt Druck aus auf sie – so, als sei es noch etwas, wo sie mithalten müsste.

»Ich war inzwischen für einen regulären Termin bei der Ärztin. Sie hat sich richtig Zeit genommen für mich. Und sie war ordentlich erschrocken, wie fertig ich bin. Auch manche meiner Werte waren ganz schön schlecht. Und mit meiner Atmung stimmt was nicht. Ich habe schon gemerkt, dass ich mich in letzter Zeit ziemlich oft verschlucke, weil ich im falschen Moment tief einatme – beim Sprechen oder beim Trinken. ›Sie atmen falsch!‹, hat sie ganz streng gesagt. Da fühlte ich mich erst mal noch kleiner. Sogar zum Atmen bin ich inzwischen zu doof, hab ich gedacht. Wenn's mir schlecht geht, mach ich mich ja gerne selber fertig. Kennt ihr das auch?« Ich nicke zögernd. Simone bleibt regungslos und hört gespannt zu. Ob sie das wirklich nicht kennt? Sie wäre zu beneiden. Maja erzählt weiter: »Aber eigentlich find ich das ja gut, dass sie auch auf so was achtet. Jedenfalls hat sie mich erst mal für drei Wochen krankgeschrieben. Und dann eine lustige Frage gestellt: ›Wann war Ihre letzte Kur?‹ So als ob ich regelmäßig die Seele baumeln lassen könnte. Mit zwei Kindern und Job und Ehemann und Haushalt. Außerdem heißt das inzwischen Reha. Tse!« Maja schüttelt den Kopf. Mir geht es genauso. Ich war auch noch nie auf Kur. Ich weiß von meinen Großeltern, dass das früher normal war, alle paar Jahre. Und meine Mutter war zweimal, aber das war, als sie schon über fünfzig war und die ersten Zipperlein hatte. »Und du?«, frage ich Simone. Die schüttelt nur den Kopf. »Ich zahl nur ein in die Krankenversicherung, ich krieg nix raus.« – »Rentenversicherung«, korrigiert Maja. »Hä?«, macht Simone etwas gereizt. »Deine Reha würde von der Rentenversicherung bezahlt, nicht von der Krankenversicherung«, wiederholt Maja. »Bis du sicher?« Maja guckt genervt: »Schätzchen, ich habe in der Praxis täglich mit solchen Anträgen zu tun und schicke die an die RV. Ja, ich *bin* sicher. Ist aber auch egal. Jedenfalls meinte sie, ich solle dringend eine Reha machen. Der Antrag läuft schon.«

»Aber das ist ja großartig!«, rufe ich. »Strübchen, das gönn ich dir so sehr! Weißt du schon, wo? Und wie lange?« Seit sie ihren Herrn Strube geheiratet hat, nenne ich sie manchmal so. »Wo – keine Ahnung. Und drei Wochen sind die Regel.«

Ich grüble, ob die nächste Frage feministisch korrekt ist, aber ich will es wissen. »Und was hat Dirk gesagt? Zieht er mit? Kann er so lange verkürzt arbeiten?« Maja guckt verwirrt: »Wieso verkürzt? Der wird währenddessen noch viel mehr ranklotzen – und hoffentlich keine Zeit haben für Dummheiten wie eine Affäre.« Ihr Grinsen fällt ein bisschen dünn aus. Simone lacht: »Nee, die Kurschatten-Nummer ist dein Privileg. Die ist im Preis mit drin. Aber noch mal zu Dirk und den Kindern. Kommt eine der Omas in der Zeit und kümmert sich, oder wie?« Bei Maja fällt der Groschen. »Ach sooo, das meint ihr! Nee, die Kinder kommen natürlich mit! Es ist eine Mutter-Kind-Kur.« Simone und mir fällt kurz alles aus dem Gesicht. »Was?! Wieso denn das?« Wir sind beide geradezu aufgebracht. Maja guckt zuerst verwirrt und verschränkt dann trotzig die Arme. »Wieso? Weil es meine Kinder sind. Ich hätte doch keine ruhige Minute ohne sie!« Ich lasse nicht locker: »Aber mit ihnen hast du ruhige Minuten, meinst du? So zehn am Tag vielleicht?«, frage ich ironisch. Und füge hinzu: »Mensch, du sollst dich doch *erholen*! Auch von den Kindern!« Maja schüttelt den Kopf: »Wie das schon klingt! Von den eigenen Kindern erholen! Man merkt echt, dass ihr beide keine Mütter seid.«

Simone versucht, so sachlich wie möglich zu bleiben. »Was hat denn die Ärztin dazu gesagt?« Maja zuckt die Achseln. »Die wollte mich auch alleine wegschicken. Logisch – die hat ja auch keine Kinder. So wie ihr.« Ich versuche es jetzt behutsamer. »Aber hast du denn mal überlegt, ob drei Wochen ganz allein dir nicht sehr guttun würden? Und damit auch deinen Kindern, wenn du entspannter wiederkommst, als du zurzeit bist?« – »Toni und Lennart bekommen nichts mit von meiner Erschöpfung, darauf achte ich schon. Da wäre ich ja eine tolle Mutter, wenn ich das an ihnen auslassen würde.« Vorsichtig sagt Simone: »Sicher nicht bewusst. Und niemand zweifelt an deinen Fähigkeiten als Mutter. Aber ...« Sie lässt den Rest unausgesprochen. Ihre Zweifel, dass Majas nervliche Anspannung spurlos an den Kindern vorübergeht, sind auch so deutlich genug geworden. Ich frage: »Was machen die Kinder denn da den ganzen Tag? Ich meine, die werden ja aus dem gewohnten Umfeld gerissen. Keine Schule, keine Freunde ...« Maja winkt ab: »Ach, die werden da betreut, wenn ich Kurse und Therapien habe. Irgendwie Schule ist da wohl auch. Und da sind ja hoffentlich auch andere Kinder. Ich muss sie morgens fertig machen für die Tagesbetreuung und mich sonst nur abends und nachts kümmern. Weder kochen noch putzen, das ist doch schon mal 'ne Riesenentlastung. Und ich muss eben da sein, wenn was ist. Wenn sie krank werden. Oder traurig sind. Wenn sie ihre Mutter brauchen eben.« Ich stoße nur sarkastisch die Luft aus. »Wenn was ist«, hat sie gesagt. Dabei weiß sie doch am besten: Irgendwas ist immer.

Simone legt mal wieder den Finger in die Wunde: »Hat die Rentenkasse das eigentlich alles einfach so bewilligt? Ist ja teurer, wenn zwei Kinder mitfahren.« Maja murmelt: »Die Krankenkasse, meinst du.« Simone will aufbegehren. »Moment! Vorhin hast du mich doch verbesse...«, aber Maja unterbricht sie müde. »Normale Reha macht Rentenkasse, Eltern-Kind-Reha macht Krankenkasse. Aber ich will euch mal was sagen: Ihr mischt euch gerade ganz schön in mein Leben ein. Und in das von Dirk! Ich finde das übergriffig. Ich weiß, Ihr meint es gut, aber ...« Simone ist aufmerksam genug, um sofort zuzuschnappen wie eine Katze, die eine Maus erwischt. »Moment! Was hat Dirk damit zu tun?« – »Na, er hätte sich ja sonst wohl um die Kinder kümmern müssen. Und das geht eben nicht, bei seinem Job. Er kann so was auch gar nicht, sagt er. Und ich sehe das genauso. Er weiß doch ganz elementare Dinge nicht: wo die Wäsche liegt, worauf es beim Ranzenpacken ankommt, wie man Schulbrote macht. Solche Sachen. Und darauf, dass meine Mama so lange bei uns wohnt, hatte er auch keinen Bock.« Simone greift sich an den Kopf. »Keinen Bock! Keinen Bock! Wenn ich das schon höre! Ist ihm eigentlich klar, wie dreckig es dir geht?« – »Ich ... ich weiß nicht. Ich glaube, er sieht das eher als eine Art Wellness-Urlaub. Und als Extra-Ferien, die ich mit den Kindern verbringe.« – »Ja, aber hast du ihm denn nicht berichtet vom Gespräch mit der Ärztin?! Von ihren Sorgen um dich?« Maja windet sich. »Jaaa, schoooon. Ein bisschen. Aber ich muss ihn doch auch schonen. Er arbeitet so schwer. Außerdem ...« – sie schlägt die Augen nieder und spricht noch leiser – »... hätte ich gar kein gutes Gefühl dabei, wenn er sich um die Kinder ... wenn ich sie im Stich lasse. Eine Mutter gehört zu ihren Kindern. Basta!«

Wir geben auf. Maja steckt in einer Ehe, in der es unmöglich zu sein scheint, dass sie sich mal alleine erholt. Und sie hat die ungeschriebenen Gesetze dieser Ehe so verinnerlicht, dass sie sie selbst verteidigt. Da können wir als Freundinnen nichts machen. Es gibt hier nichts mehr zu reden heute.

Simone gibt mir ein unauffälliges Zeichen und ich improvisiere: »Oh, Mist! Gleich vier! Ich habe noch eine Telefonkonferenz! Ich muss euch jetzt rausschmeißen, leider.« Recht hastig verabschiede ich die beiden. Simone mache ich ein »Wir-telefonieren!«-Zeichen. Maja flüstere ich ins Ohr: »Melde dich, wenn's was Neues gibt« und umarme sie fest. Die Arme, die mich umschlingen, sind völlig kraftlos. Richtig erschreckend.

KNACK DAS MUSS

Du fühlst dich komplett erschöpft und ausgelaugt? Dann ist es nicht nur dein Recht, sondern deine Pflicht, dich um dich selbst zu kümmern! Wirf die Vorstellung, du dürftest nicht schlapp machen oder müsstest deinem Mann den Rücken freihalten, schleunigst über Bord. Hör auf die Ärztin oder den Arzt und nimm ihre Empfehlungen ernst! Eine Mutter, die wieder gesund werden und zu Kräften kommen will, ist keine »Rabenmutter« und auch nicht egoistisch, sondern im Gegenteil verantwortungsvoll. Also konfrontiere deinen Partner und deine Familie schonungslos mit der Realität: Du fällst für einige Wochen komplett aus und kümmerst dich nur um dich. Die anderen müssen das jetzt allein organisieren. Wäre ja genauso, wenn du nach einem Unfall mit einem Beinbruch im Krankenhaus im Bett lägst. Und deine Kinder ... werden sich schnell einstellen auf die Zeit ohne Mama. Sie werden selbstständiger werden, trotz eurer Sehnsucht nacheinander. Die paar Wochen sind nichts im Vergleich zu der besseren und entspannteren Zeit, die ihr danach miteinander haben werdet.

FEMINISMUS-KOMPLIKATIONEN

ICH MUSS ... SOLIDARISCH MIT ALLEN FRAUEN SEIN

Heute ist das »Antitox« genau der richtige Ort. Ich bebe geradezu, als ich auf die Kneipentür zugehe. Eine Mischung aus Zorn und Stolz tobt in mir, und ich kann es kaum erwarten, Simone zu erzählen, was ich gestern erlebt habe. Was mein Schwager für frauenfeindliche Sprüche rausgehauen hat und wie ich ihm Kontra gegeben habe. Wobei das mit dem Kontra ...

Simone ist noch nicht da, und ich muss mich erst mal wieder runterfahren. Dass hier nur Frauen sitzen, macht es etwas leichter. Ich muss mich nicht bei jedem Mann, den ich sehe, fragen, ob er auch so denkt wie Jens' Bruder Jochen. Verrückt, wie diese Situation gestern mich aufgeregt hat. Und immer noch aufregt. Woran kann das liegen? Weil ich es von Jochen, dem engagierten Vater und eher linken Öko, nicht erwartet hätte? Oder weil ich mit manchen meiner Antworten unzufrieden bin? Um mich zu beruhigen, bestelle ich mir einen Kamillentee. Hab ich ewig nicht gemacht. Die Kellnerin guckt, als hätte ich einen ansteckenden Magen-Darm-Infekt. Na, soll sie.

Endlich kommt Simone, umarmt mich in ihrer triefenden Regenjacke und pfeffert sie dann auf die Couch, auf der ich saß. Mit spitzen Fingern nehme ich sie und hänge sie so auf, dass sie trocknen kann. Simone registriert das gar nicht, sondern holt sich erst mal eine Flasche Bier am Tresen und begrüßt dann alle Frauen, die sie kennt. Das dauert. Als sie mir endlich gegenübersitzt, fängt sie umstandslos an zu erzählen, was sie gerade beschäftigt. Irgendein Stress mit einem Amtsleiter von einer anderen Behörde. Mir fällt es zunehmend schwer, ihr zuzuhören. Mein eigenes Thema will dringend raus. Mich für ihres zu interessieren ist auch deshalb schwierig, weil sie mir keine Chance für Zwischenbemerkungen oder mal eine Nachfrage gibt. Sie merkt gar nicht, wenn ich dazu ansetze, sondern sie redet und redet – und plötzlich erwische ich mich dabei, wie ich denke: Genau wie Jens! Bevor sich diese Assoziation zu einem Frustgefühl verfestigt, gehe ich etwas mutiger dazwischen. »Kannst du mal einen Punkt einbauen? Oder wenigstens ein Komma? Damit ich mal dazwischenkomme?« Sie ist kurz verblüfft und sagt dann ganz entspannt: »Ja, klar. Ich rede mal wieder autistisch vor mich hin, oder? Wahrscheinlich bin ich zu oft allein und habe niemanden, dem ich sofort alles vor die Füße kippen kann. Deswegen hast du es heute mal wieder abgekriegt, sorry. Du hast dafür ja einen Mann, haha. Also: Was wolltest du mir erzählen?«

Ich straffe mich. »Ich will deine Meinung hören zu dem Streit, den ich gestern mit meinem Schwager hatte. Über Frauen.« Wie zu erwarten, habe ich sofort Simones Aufmerksamkeit. »Dein Schwager? Also … wer?« – »Äh, Jochen. Der ältere Bruder von Jens. Verheiratet und Vater einer Tochter. Elf ist die schon. Die haben das Kinderthema früh erledigt. Jochen ist ein echt liebevoller Papa. Und eigentlich eher ein Grüner. Kein Macho, kein Pascha. Aber gestern hat er mich komplett überrascht. Negativ.« – »Was war denn? Worum ging's?« – »Ach, ich hab ein bisschen von Maja und von unseren Frauengesprächen erzählt. Natürlich ohne Namensnennung. Wir waren zu viert – die beiden Brüder, Jochens Frau Mascha und ich. Ich hab von Majas Druck erzählt, einem bestimmten Frauenbild zu genügen, und dann so was gesagt wie ›Ganz schön krass, wie mächtig das Patriarchat immer noch ist.‹ Da hat er mich prüfend angeschaut und gefragt: »Wer hat euch eigentlich zu solchen Muss-Frauen erzogen? Und die Jungs zu solchen Paschas?« Simone macht nur »Hä?« und ich nicke: »Genau so hab ich auch reagiert. Und dann meinte er … Moment …« – ich zücke mein Smartphone und öffne eine Notiz – »… ich hab mir das heute Nacht aufgeschrieben. Ich war so aufgebracht, dass ich nicht schlafen konnte, und hab es rekonstruiert, soweit möglich. Also, er hat das total schlau angefangen, wie ein Anwalt vor Gericht. Er hat gesagt, dass er es auch krass ungerecht findet, dass ein Großteil der Erziehungsarbeit immer noch bei den Frauen liegt. Und dass es früher ja noch viel mehr war. Aber dass es ja nun mal eine Tatsache sei, dass heutige Männer zu neunzig Prozent von Frauen geprägt wurden: von Müttern, Kindergärtnerinnen, Lehrerinnen. Wie könne es dann sein, dass dabei so viele Paschas und Machos rausgekommen seien und dass es immer noch Frauen gibt, die sich in die traditionelle Rolle fügen? Wie ... Maja zum, Beispiel.« Simone schüttelt empört den Kopf. »Das heißt, er blendet die gesellschaftlichen Strukturen total aus, die Frauen in bestimmte Rollen zwingen. Und dass diese Strukturen von Männern geschaffen worden sind.« – »Siehst du? Genau so ein Satz fehlte mir gestern an der Stelle.« Aber Simone ist noch nicht fertig mit ihrer Empörung: »Frauen werden seit Jahrhunderten in diese Rolle gezwungen. Ihnen das jetzt vorzuwerfen ist genauso perfide, wie den Juden vorzuwerfen, dass sie so oft im Bankwesen arbeiten – nachdem Geldverleiher lange einer der wenigen Berufe war, die Juden ergreifen durften. Und Christen nicht.« Ich spüre ein gewisses Unbehagen bei ihrem Judenvergleich, lasse es aber unkommentiert. Stattdessen erzähle ich weiter: »Er hat so eine Diskussion offenbar nicht zum ersten Mal geführt. Irgendwie hat er so einen Einwand wie deinen anscheinend schon erwartet, denn er hat dann ganz direkt Mascha und mich gefragt, wann und wie wir beeinflusst worden sind, eine bestimmte Rolle einzunehmen, und vor allem: von wem dieser Einfluss kam. Ich konnte nur antworten, dass es so einfach ja wohl nicht sei, dass ein Mann mir direkt gesagt hat, wie ich mich anzuziehen und zu benehmen habe und was ich im Haushalt zu lernen hätte. Darauf er nur so: ›Ein Mann?‹«

Simone sucht nach dem roten Faden. »Was ist sein Problem? Hast du das verstanden?« Ich kratze mich am Kopf. »Ich glaube, ihn nervt, dass an allem immer die Männer schuld sein sollen.«

Simone wirft ironisch ein. »Ach, der Aaaarme! Nach fünftausend Jahren Patriarchat gibt's mal ein bisschen Gegenwind, und er fängt gleich an zu heulen.« – »Ja, so was in der Art hab ich auch gesagt. Eher witzig gemeint. Aber da ist er dann zum ersten Mal richtig fies geworden im Ton. Dass er es satt habe, für die Neandertaler verantwortlich gemacht zu werden. Tse! Als wenn die vor fünftausend Jahren gelebt hätten. Aber egal. Er meinte, dass er täglich erlebe, wer seiner Tochter das Leben schwer mache. Rosa ist ein bisschen kräftiger gebaut – und er meinte, die verächtlichen Blicke und Kommentare darüber kämen fast nur von Mädchen und Frauen. Von Lehrerinnen, Mädchen aus der Klasse, Arzthelferinnen, Klamottenverkäuferinnen, Trainerinnen, Kassiererinnen und so weiter. Das war der Moment, in dem Mascha sich zum ersten Mal eingemischt hat – und zwar auf Jochens Seite. Sie meinte, das sei leider die reine Wahrheit. Sie wünsche, wir müssten nie erleben, wie Mädchen miteinander umgehen, und hat dann noch hinzugefügt: ›Und Frauen ja auch ganz schön oft, oder?‹ Ich war echt sprachlos.«

»Ja, das hat das Patriarchat geschafft, dass Frauen sich gegenseitig kontrollieren«, seufzt Simone. »Puh, ja, mag sein«, antworte ich etwas unsicher. »Aber es fiel mir manchmal wirklich schwer, seinen Beispielen was entgegenzusetzen. Er hat von der Talkshow erzählt, in der Hera Lind davon berichtete, wie sie Mann und Kinder verlassen hat. Wie abgrundtief gemein und hasserfüllt die Zuschriften an sie gewesen seien. Eine anständige Mutter mache so etwas nicht und so was. Als jemand fragte, ob diese Briefe eher von Männern oder von Frauen gekommen seien, sagte sie: ›Ausschließlich von Frauen‹. Ich glaube ...« – ich zögere ein bisschen, bevor ich weiterrede, aber das Thema bewegt und verunsichert mich zu sehr – »... wir Frauen gehen wirklich nicht immer nett und solidarisch miteinander um, oder? Wenn ich daran denke, welche Kübel von Jauche meine Kommilitoninnen damals verspritzt haben, wenn der Name Ursula von der Leyen fiel. Sieben Kinder und trotzdem

Karriere – das durfte nicht sein. Kein Männername hat je solche Reaktionen hervorgerufen.«

Simone schießt den an dieser Stelle obligatorischen Kommentar ab: »Na, die hatte ja auch zig Kindermädchen und so was. Kunststück.« Aber dann nickt sie traurig. »Stimmt wohl, dass Frauen sich manchmal gegenseitig fertigmachen. Wir müssen uns nun mal viel mehr anstrengen, um aus den uns aufgezwungenen Rollenbildern rauszukommen. Die Männer reiben sich währenddessen die Hände, weil ihnen dadurch das Rollback aller Errungenschaften der Frauenbewegung erleichtert wird.« Ich grüble und frage dann: »Meinst du eigentlich wirklich, dass sich überhaupt nichts verbessert hat in den letzten Jahrzehnten? Wollen es Männer wirklich wieder so haben wie in den Fünfzigern?« Simone wiegelt ab. »Na ja, natürlich nicht alle ... Aber wer solche misogynen Sprüche raushaut wie dein Schwager ...« Ich hebe hilflos die Hände. »Gerade bei dem glaube ich das aber nicht. Der will doch nicht, dass seine Tochter später kein eigenes Konto haben und nicht wählen darf. Das hat die Diskussion ja so schwierig gemacht für mich. Wäre er ein fundamentalistischer katholischer Opi, wäre es leichter gewesen für mich. Aber an seinen Argumenten war zum Teil eben was dran.« Simone schüttelt entschlossen den Kopf, nimmt meine Hand und sagt eindringlich: »Dann hat er dich manipuliert.« Ich entziehe ihr die Hand wieder und sage ziemlich angefasst: »Dazu gehören ja immer zwei. Interessant, wie du meine intellektuelle Fähigkeit einschätzt, eine Manipulation zu erkennen.« Simone wirkt etwas fahrig. »Entschuldige. So war das natürlich nicht gemeint. Ich frage mich ja selbst, was der mir dir gemacht hat und wie er das angestellt hat. Und vor allem: Warum? Was nützt ihm so eine Anti-Frauen-Diskussion?«

»Wie gesagt, er hat keinen Bock mehr auf die Rolle des Sündenbocks.« Ich schaue noch mal auf meine Notizen. »Irgendwann hat er gefragt, ob es uns auch auffalle, dass *die Männer* als Schuldige immer klar benannt würden, wenn aber Frauen im

Spiel seien, heiße es immer wolkig *die Gesellschaft*.« – »Hmm. Hatte er dafür ein Beispiel?« – »Ja, Angela Merkel und ihr Äußeres. Da heißt es immer, sie sei am Anfang ihrer Karriere von *der Gesellschaft* oft oberflächlich anhand ihrer Kleidung und ihrer Frisur beurteilt worden. Dann hat er gefragt, wie oft wir es erlebt hätten, dass ein Mann sich während der Fernsehnachrichten über ihr Äußeres echauffiert habe, statt auf den Inhalt der Meldung zu achten – und wie oft eine Frau. Wenn ich ehrlich bin: Das haben eher Frauen als Männer gemacht. Jedenfalls in meiner Familie und meinem Freundeskreis.«

Da Simone grübelnd dasitzt, erzähle ich weiter. »Es gab doch da diese Polizistin in Stuttgart, die ihren Chef wegen sexueller Nötigung und Machtmissbrauch angezeigt hat und der freigesprochen wurde. Jochen meinte, überall sei berichtet worden, dass ein Richter das Urteil verkündet und die Frau dabei richtig fertiggemacht habe. Sie habe doch freiwillig mitgemacht und sich erst später überlegt, dass sie es doch nicht gewollt hätte. Aber dass die beisitzende Richterin und die beiden Schöffinnen weiblich waren, sei kaum erwähnt worden. Drei von vier für den Freispruch Verantwortlichen waren Frauen, sagte er. Das müsse mir als Frau doch zu denken geben. Und genauso, wenn eine Frau zu den Vorwürfen gegen Rammstein im Fernsehen sage, die Frauen, die da zur After-Show-Party gegangen seien, hätten doch gewusst, dass es da nicht um Kaffee und Kuchen geht.«

Simone scheint es jetzt zu reichen. Wütend sagt sie: »Und das macht Betäuben und Missbrauchen plötzlich legal, ja?« Ich schüttle den Kopf: »So was in der Art habe ich ihn auch gefragt, aber da hat er ganz klar widersprochen. Wenn die Vorwürfe stimmten, seien die Männer schuld und nicht die Frauen. Da ist er glasklar. Wie gesagt: Er hat 'ne Tochter.« Aber Simone will jetzt nichts mehr hören: »Ich finde, Männer sollten sich als Privilegierte gar nicht einmischen in den Diskurs über Geschlechtergerechtigkeit. Das ist Sache von uns Frauen!« Ich schaue sie betreten an. »So was hab ich irgendwann auch gesagt, als es mir zu hitzig wurde. Darauf er voll ironisch und zynisch: ›Das ist jetzt lustig. Gerade kürzlich hat eine Kommentatorin wieder mal gefragt, wo eigentlich die Stimmen der Männer blieben in der Me-too-Debatte. Also, was denn nun?‹«

Simone atmet tief durch: »Na, auf solche Stimmen können wir natürlich verzichten. Ich glaube, du bist in eine sorgfältig aufgestellte Falle gestolpert. Wir Frauen müssen auch nicht über jedes Stöckchen springen, das uns hingehalten wird. Natürlich kann man immer Einzelbeispiele finden, in denen Frauen mal schlecht dastehen, aber das sind ja keine Argumente gegen die Gleichstellung.« Ich wiege den Kopf. »Ich glaube nicht, dass es Jochen darum geht, die Emanzipation zurückzudrängen. Es ist eher so ein persönliches Gerechtigkeitsding. Er will als Mann, der für Frauenrechte ist, nicht in einen Topf geworfen werden mit dumpfen Machos. Das sei sexistisch, meint er.« – »Uiuiui! *Ganz* steile These! *Ganz* dünnes Eis, argumentativ! Hetero-Männer als Sexismusopfer – das ist wie Weiße als angebliche Rassismusopfer. Vorsicht, Freundchen!« Simone tut jetzt so, als säße Jochen ihr gegenüber statt meiner. Ich fahre fort: »Und er will, dass der Anteil von Frauen an der Aufrechterhaltung ungerechter Strukturen nicht verschwiegen wird. Männer nur Täter, Frauen nur Opfer – das scheint ihn zu nerven. Er hat sich da immer weiter reingesteigert. Irgendwann hat er gesagt, dass Genitalverstümmelung ein furchtbares Verbrechen sei – was ich ihm abnehme – und dann hat er gefragt: ›Aber wer führt die denn durch, diese Blutbäder mit dreckigen Glasscherben? Das sind die Frauen in den Dörfern, nicht die Männer!‹« Simone ist jetzt richtig empört. »Jetzt sollen die Frauen plötzlich die Schuldigen sein an diesen Massakern?!« Ich gucke sie hilflos an. »Jochen meint, beide Geschlechter seien schuld, dass das nicht aufhört. Frauen könnten Opfer und Täterinnen sein – so wie Männer auch. Das sei doch wahre Gleichberechtigung. Frauen wirkten daran mit, frauenfeindliche Traditionen zu verteidigen, zum Beispiel durch die Erziehung ihrer Söhne. Und Töchter.«

Simone legt jetzt den Hebel um: »Wer behauptet denn das eigentlich, dass nur Männer an allem schuld sind? Wie kommt dieser Jochen denn überhaupt darauf? Es gibt doch überall dauernd Kritik an Frauen. Liegt das Problem vielleicht bei seiner Wahrnehmung? Dass er nur die Extreme sieht?« Da kann ich mitgehen. Jochen hat da sicher ein persönliches Thema. Ich spüre, dass Simone jetzt endgültig genug hat. Sie ist ebenso kalt erwischt worden von diesen Thesen wie ich gestern. Sie fragt: »Und seine Frau? Die fand das wirklich alles richtig?« Ich nicke bekümmert. »Als ich von den Privilegien der Männer sprach, fragte sie: ›Sind wir als weiße, gut ausgebildete, eigenständige Frauen in einem der reichsten und liberalsten Länder der Welt nicht auch privilegiert?‹ Stell dir das mal vor! Sie hat mehrfach gesagt, dass ihr einfach kein schlagendes Argument gegen Jochens Forderung nach Gerechtigkeit einfalle.« – »Gerechtigkeit! Dass ich nicht lache!«, empört sich Simone.

Ich lehne mich zurück und sage: »Lass gut sein jetzt. Wir lösen das heute nicht mehr. Ist teilweise kniffliger, als du gedacht hättest, was dagegen zu sagen, oder? So ging es mir auch, deswegen musste ich dringend mit dir drüber reden. Danke für dein geduldiges Ohr.« Ich trinke meinen zweiten Tee aus, den ich zwischendurch geordert hatte. Simone ist bei der dritten Knolle Bier und gähnt ausgiebig. »Müde. Langer Tag gewesen.« Ich nicke. »Zum Schluss aber noch was Lustiges. Da ist dann auch Mascha ausgestiegen.« Simone versucht sich langsam zu entspannen. »Erzähl!« – »Als wir die dritte Flasche Wein schon fast ausgetrunken hatten, hat Jochen seine Erklärung zum Besten gegeben, wieso Frauen so oft im Weg rumstehen.« Simones Gesicht ist ein einziges Fragezeichen – sie ist wohl nur zu erschöpft, um sich sofort wieder aufzuregen. »Ja, er meint, beobachtet zu haben, dass Menschen, die zum Beispiel direkt am Fuß einer Rolltreppe stehen bleiben und eine Unterhaltung beginnen, zu neunzig Prozent weiblich seien. Und dass nur Frauen auf die Idee kämen, mit ihrem Kinderwagen an der engsten Stelle des Fußwegs stehen zu bleiben für ein Schwätzchen. Am liebsten, so Jochen, mit quergestelltem Wagen. Der hat sich da noch mal richtig reingesteigert. Frauen hätten einfach kein gutes Gefühl für den Raum – vor allem für das, was hinter ihnen geschehe. Oder eben gerade doch. Das war dann seine Pointe.« Simone macht eine resignierende Geste: »Na los, raus damit!« – »Jochen meint, die Frauen seien früher, in der Steinzeit, ja für das Sammeln von Beeren und Pilzen zuständig gewesen. Und deshalb seien sie evolutionär darauf spezialisiert, eine gute Fundstelle mit vielen reifen Beeren abzuschirmen gegen die anderen Frauen.«

Simone starrt mich an und beginnt dann laut und lange zu lachen: »Und dieser Mann will nichts mit den Neandertalern zu tun haben, ja?«

Wir winken die Kellnerin heran zum Bezahlen. Nachdem wir unsere Welt wieder in Ordnung gebracht haben, sind wir bereit für die nächsten Kämpfe.

KNACK DAS MUSS

Du glaubst, du müsstest immer dagegenhalten, wenn Frauen (von Männern) kritisiert werden, weil du sonst nicht emanzipiert bist? Völliger Quatsch! Bilde dir dein eigenes Urteil und übernimm nicht pauschal Meinungen, die du nicht selbst durchdacht hast – weder frauenfeindliche noch feministische. Das Leben ist ein dauernder Kompromiss. Das ist nichts Schlimmes. Nicht alle Männer sind Idioten und nicht alle Frauen sind toll. Oder Opfer. Aber die in Jahrtausenden gewachsene Benachteiligung von Frauen ist eine Tatsache. Wir bekommen sie nicht in einer oder zwei Generationen weg, aber wir sollten immer weiter daran arbeiten – und uns nicht scheuen, auf die Strukturen hinzuweisen, wenn sie zutage treten.

EMMA THOMPSON UND DER BEGRÜSSUNGSSATZ

ICH MUSS ... EINE GUTE HAUSFRAU SEIN

»Ja, ich freu mich auch, Mama! Und Anne sich natürlich auch. Grüß Paps. Bis dann.«

Strahlend sieht Jens mich an und verkündet: »Meine Eltern kommen am Freitag für drei oder vier Tage. Sie haben Musical-Karten. Und natürlich wollen sie uns auch mal wieder sehen.«

Ein schwerer Stein knallt in meine Magengrube. Es fühlt sich so an wie bei der Arbeit, wenn einem siedend heiß einfällt, dass man was Wichtiges vergessen hat, weil der Chef im Zimmer steht und sich danach erkundigt.

»Ähm .... ach, wie schön. Aber am Freitag schon? In drei Tagen? Dann muss ich erst mal ein paar Termine absagen.« Ich greife mir mit vorwurfsvoller Geste mein Smartphone. »Hä, wieso? Haben wir was am Wochenende? Ich hab extra in den Kalender geschaut, da stand nix.« – »Nein, nicht am Wochenende. Aber morgen wollte ich abends ins Kino, am Donnerstag mit Simone zum Sport, und ich hatte versprochen, am Freitag für Majas Schulfest einen zusätzlichen Kuchen zu backen. Das muss ich jetzt auch canceln. Mist! Sie hat sich mal wieder zu sehr verantwortlich gefühlt und sich gleich mit drei Kuchen eingetragen. Sie wird ziemlich enttäuscht sein.« Jens guckt ehrlich verwirrt: »Aber ... wieso soll das denn alles nicht gehen? Meine Eltern kommen doch nicht morgen, sondern erst am Freitagabend. Da kannst du doch ...« Weiter kommt er nicht. Jetzt bricht die Panik ungefiltert aus mir heraus: »Du hast wohl echt keine Vorstellung, was hier noch zu tun ist bis dahin, oder? Wir müssen die gesamte Wohnung aufräumen und putzen. Hier ist ja seit Monaten praktisch nichts passiert! Wir müssen das Gästezimmer herrichten, wo im Moment ja noch dein chaotischer Schreibtisch steht. Wir müssen rechtzeitig waschen, damit wir genügend Handtücher und Bettwäsche haben. Wir müssen einen Essensplan machen und einkaufen. Und arbeiten müssen wir ja schließlich auch noch, tagsüber.«

Jens ist erst mal gekränkt. »Seit Monaten nichts passiert? Na, sage mal! Ich putze jedes Wochenende das Bad. Und gerade letzten Sonntag hab ich auch die Küche gefegt. Gesaugt hab ich doch auch gerade ...« – »... gerade vor zehn Tagen, meinst du?«, vollende ich seinen Satz spöttisch. »Jens, seit wir keine Putzfrau mehr haben, machen wir einmal in der Woche oberflächlich das Nötigste. Aber das ist nicht der Anspruch, den ich habe, wenn deine Mu... deine Eltern kommen. Wann haben wir das letzte Mal alle Küchenschränke und -schubladen ausgewischt? Wann den Kühlschrank ausgemistet und gründlich saubergemacht? Die Kaffeemaschine entkalkt? Die Spülmaschine gereinigt? Die Vorhänge gewaschen und gebügelt? Alle Möbel abgestaubt? Die Heizkörper geputzt?« – »Ach, komm, Anne! Du tust ja gerade so, als seien meine Eltern die totalen Kontrollmonster. Komm mal ein bisschen runter, bitte! Pass auf, hier ist mein Vorschlag: Ich arbeite morgen kürzer als sonst und mache dann hier mal so richtig klar Schiff, während du im Kino bist. Am Freitagabend will mein Papa uns sowieso zum Essen einladen, er hat irgendeine Aktienausschüttung bekommen. Samstag gehe ich dann mit meiner Mutter auf den Markt und wir kaufen was zum Kochen fürs Wochenende. Und du bleibst bei deinen Plänen. Kino, Sport und Kuchenbacken. Komm, wir kriegen das entspannt hin.« Ich bin schon wieder etwas ruhiger, tippe mir aber trotzdem an die Stirn: »Erst die Küche putzen und dann Kuchen backen – so was kannst auch nur du vorschlagen. Aber trotzdem: Danke! Jetzt muss ich nur Maja absagen für den Kuchen. Ich freu mich ja auch auf deine Eltern. Ich will es ihnen eben nur möglichst schön machen.« Na ja ... kleine Übertreibungen erleichtern den Beziehungsalltag, sag ich mal.

Am Donnerstag trinke ich nach dem Sport noch eine Schorle mit Simone und mache meinem Herzen Luft. »Klar Schiff machen nennt er das! Dass ich nicht lache! Ich musste wirklich überall nacharbeiten! Nachher muss ich noch weitermachen. Ja, er hat staubgesaugt – aber auf den Scheuerleisten lag meterdick Staub. Heute Morgen, als die Sonne ins Gästezimmer schien, sah man die Spinnenweben in den Ecken. Die Handtücher hat er zusammengefaltet und weggeräumt – aber bei der Hälfte zeigten die offenen Kanten nach vorne. Das Besteck lag nicht ordentlich aufeinander in der Schublade. Und vor allem hat er schon wieder nicht unterscheiden können zwischen dem Gästebesteck, das ins Esszimmer gehört, und dem Alltagsbesteck in der Küche. Und stell dir mal vor: Er hat das Bettzeug gewaschen – und dann linksrum aufgehängt. Angeblich sogar absichtlich. Wie das aussah! Unfassbar!«

Simone schweigt auffällig lange. Okay, vielleicht würde ich diesmal eher bei Maja offene Türen einrennen mit meiner Klage über meinen haushaltsuntüchtigen Mann. In Simones ziemlich klebriger WG-Küche hängt eine Postkarte mit dem Spruch: »Dreck, den man nicht sieht, ist sauber.« Da kann ich vermutlich wenig Verständnis erwarten. Aber erst mal ist sie einfach nur neugierig: »Was war denn sein Grund, die Bettwäsche auf links zu drehen?« – »Ach, irgendeine verrückte Theorie. Typisch Naturwissenschaftler. Er sagte, dass man beim Aufhängen und Weglegen der Wäsche immer die Seite vor Staub schützen sollte, die mit der Haut in Berührung kommt. Bei Klamotten ist das die Innenseite – aber bei Bettwäsche eben die Außenseite. Pfff! Als ob es darauf ankäme!« Simone kratzt sich am Kopf. »Hab ich noch nie drüber nachgedacht, aber es leuchtet mir spontan irgendwie ein.« Ich begehre auf: »Das sieht doch total unordentlich aus auf der Leine. Und im Schrank erst recht. Nee, nee, da hat Jens einfach unrecht. Wenn er recht hätte, hätte meine Mutter das ja wohl auch so gemacht und meine Großmutter auch.« Bevor ich die Zufriedenheit mit meiner schlagenden Beweisführung so richtig auskosten kann, kommt der glasharte Konter von Simone: »Was ist denn das für eine Logik, Anne? Weil Frauen von Gott die Aufgabe der Haushaltsführung bekommen haben, hat er ihnen auch das alleinige Wissen darüber geschenkt, was richtig und was falsch ist? Wenn wir das so sehen, kommen wir ja nie raus aus der Nummer.« Aber dann besinnt sie sich darauf, dass ich Zuspruch von ihr brauche: »Es tut mir so leid, dass du so einen Stress hast wegen des Besuchs deiner ... wie sagt man da eigentlich, wenn Leute nicht verheiratet sind?« – »Ach, sag ruhig Schwiegereltern. Ist mir immer noch lieber als das, was Jens sich wünscht.« – »Nämlich?« Ich verziehe das Gesicht. »Er mag es nicht, wenn ich gegenüber anderen ›Schwiegereltern‹ sage. Ich solle Renate und Günter sagen.« Dabei tippe ich mir an die Stirn. Simone nimmt ihren Faden wieder auf: »Und der tolle Günter, der zu Hause wahrscheinlich keinen Finger krummmacht im Haushalt, erwartet also, dass es bei dir aussieht wie im Hotel, ja? Und er kontrolliert die Fußbodenleisten auf Staub? Sag mal, wäre es nicht besser, Renate lässt den Pascha zu Hause und kommt allein? Dann wäre es doch viel entspannter.«

Es ist mal wieder so weit: Ich weiß nicht, ob Simone gerade einen Scherz macht oder es ernst meint. Und ich will es auch gar nicht wissen. Ich mag sie so, wie sie ist, und ich brauche gerade ihren Rückhalt. Deshalb erspare ich ihr die Erkenntnis, dass die Wege des Patriarchats oft komplizierter sind, als sie es sich vorstellt. Sowieso muss ich jetzt dringend los. Jens hat leider komplett übersehen, dass die Fenster nach seiner Putzaktion ein einziges Putzstreifenfestival sind und schlimmer aussehen als vorher. So viel zum Thema »klar Schiff machen«.

KNACK DAS MUSS

Wenn es um die Sauberkeit eures Zuhauses geht ...

Tipp 1: Befrei dich radikal von den Maßstäben, die früher an Frauen angelegt wurden, und definiere dann deine / eure Bedürfnisse an den Zustand der Wohnung – ohne die Last der »Mutti-Regeln« und vor allem ohne den zerstörerischen Hundert-Prozent-Perfektionismus. Wenn der Staubsauger einmal in der Woche läuft, genügt das völlig. Faustregel: Wenn du all die Aufgaben, die das Leben dir stellt, zu 80 Prozent schaffst, bist du schon richtig gut. Also mach dich nicht fertig wegen der fehlenden Prozente bis zur absoluten Perfektion. Du hast zwei bis drei Jobs, aber du bist nur *ein* Mensch. Alles hundertprozentig perfekt zu machen geht nicht.

Tipp 2: Du bist nicht alleine dafür verantwortlich, dass eure Wohnung einigermaßen sauber, ordentlich und gepflegt aussieht. Macht einen Putzplan und verteilt die Aufgaben. Lästiges sollte abwechselnd gemacht werden, anderes nach Neigung und Talent.

EMMA ODER OMMA?
ICH MUSS ... GUTE MIENE ZUM BÖSEN SPIEL MACHEN

Seien wir fair: Sie hat mich begrüßt. Sogar mit meinem Namen. Das Küsschen-rechts-Küsschen-links fühlte sich zwar ein paar Grad zu kalt an, aber sie hat sich bemüht. Günter ist leutselig wie immer und scheint sich keinerlei Gedanken um eventuelle familiäre Spannungen zu machen. Außerdem fasst er offenbar gerne jüngere Frauen an, wie die meisten alten Knacker. Viel zu viel Rasierwasser und eine deutlich zu lange und zu enge Begrüßungsumarmung, inklusive Hand auf dem Hintern. Dem Kussversuch mitten auf den Mund konnte ich gerade noch ausweichen. Zum Glück kannte ich das schon. Trotzdem sehr unangenehm. *Hashtag JenniHermoso. Hashtag Kussaffäre.* Dann kommt Renates allererster Satz. Wir stehen noch im Flur – und sie sieht sich um und fragt: »Ach, ist eure Putzfrau immer noch krank?« Rasend schnell verwandle ich mich zurück in die siebenjährige Anne, die dem strengen Klassenlehrer erklären muss, dass sie die Hausaufgaben zwar gemacht, aber dann zu Hause vergessen hat. Genauso hilflos, wie ich mich seinem Misstrauen gegenüber gefühlt habe, fühle ich mich auch jetzt, nach diesem zuckersüßen Tritt gegen das Knie. Da haben Jens und ich tagelang die Wohnung gewienert und dann ist das der erste Kommentar. Unglaublich. Aber Moment mal – müsste Jens nicht genauso sauer sein? Und seiner Mutter vielleicht sogar etwas Passendes entgegnen? Aber er wirkt, als habe er die Bemerkung überhaupt nicht gehört. Dabei hat er das durchaus – nach ihrer Frage herrschte für ein paar Sekunden dröhnende Stille, die die Temperatur kurz auf Antarktisniveau fallen ließ. Doch jetzt wirkt er wieder völlig unbekümmert, so als ginge ihn das gar nichts an – während ich mir fast die Zähne zermahle, um nicht loszuschreien. Ich flüchte mich kurz ins Schlafzimmer, um mich zu sammeln. Geht dieser Spruch wirklich nur mich was an? Und bin ich tatsächlich so eine schlechte Hausfrau? Aber ist das überhaupt die Frage, die mich beschäftigen sollte? Nein – ist es nicht. Eher, wie ich jetzt reagieren soll. Ich würde ihr gerne mal kurz die Augen auskratzen. Aber ich will keinen Unfrieden. Jens käme in arge Loyalitätskonflikte, das will ich ihm nicht antun. Außerdem ist der Moment für eine spontane Reaktion, bei der man mir meine Schärfe noch verzeihen könnte, sowieso vorbei. Also atme ich dreimal tief durch, wie Emma Thompson in *Tatsächlich … Liebe*, als sie kapiert hat, dass die als Geschenk eingepackte Kette, die sie bei ihrem Mann entdeckt hatte, nicht für sie gedacht war. Ich streiche ebenso wie sie die Bettdecke glatt und gehe wieder raus zu den anderen.

Günter begutachtet gerade das Regal, das Jens neulich angebracht hat. »Ist schief, oder? Und nicht ganz mittig. Und warum hast du die langen Schrauben genommen?« Ich erstarre. Das geht ja nun an Jens' Männerehre – so wie Renates Giftpfeil mich als Frau getroffen hat. Und wohl auch treffen sollte. Aber Jens rennt keineswegs ins Schlafzimmer und macht die Emma Thompson, sondern reagiert recht souverän: »Ach, du weißt doch, Papa: Anne und ich machen lieber alles, was ansteht, zu achtzig Prozent perfekt, als ein paar Sachen superperfekt, während der Rest liegen bleibt. Wir haben ja schließlich beide unsere Berufe. Weißt du noch, als Mama sich damals besseres Licht in der Waschküche wünschte? Du hast das perfekt gelöst – aber erst nach monatelanger Planung. Und alles andere blieb in der Zeit liegen im Haus. Wir sind da einfach anders.« Ich strahle ihn dankbar an. Diese Antwort galt ja auch seiner Mutter. Die schaut etwas nachdenklich, und als Günter sich verteidigen und seine Fachkritik an Jens' Regal vertiefen will, schneidet sie ihm kurzerhand das Wort ab. »Ach, lass mal, Günter, wir sind hier schließlich zu Gast.« Paff! Das klingt zwar etwas beleidigt, aber den Satz hätte ich mir vorhin von Günter gewünscht, als sie sich ihren Begrüßungsspruch geleistet hat. Doch auf so eine Idee würde der alte Stiesel nie kommen. Na, vermutlich bekäme es ihm auch schlecht.

Dafür, wie der Abend angefangen hat, entwickelt er sich dann doch recht harmonisch und sogar lustig. Im Restaurant erzählt Renate von ihrer Vergangenheit in der Frauenbewegung und dass sie noch immer Abonnentin der EMMA ist – »seit der ersten Ausgabe 1977! Am Anfang noch vom Taschengeld!« Jens platzt mit einem dämlichen Spruch dazwischen, den er angeblich von einem seiner Kumpel hat: »Wann wird die Zeitschrift eigentlich mal umbenannt in OMMA?« Er erntet kaltes Schweigen; nicht mal Günter lacht, weil er den »Witz« nicht mitbekommen oder nicht verstanden hat. Natürlich durchsetzt Renate ihre Heldinnenerzählungen aus der Vergangenheit ab und zu mit Seitenhieben, die ich durchaus registriere: »Also, wenn wir damals eure heutigen Möglichkeiten gehabt hätten …! Wir mussten ja noch um alles kämpfen.« Manchmal wirkt sie auch arg lehrerinnenhaft: »Lässt du dir auch nicht zu viel gefallen in der Firma, als Frau?«. Aber sie ist auch selbstironisch und nach dem zweiten Glas Wein sogar lustig. Sie unterhält uns prächtig mit Anekdoten, in denen viele lila Latzhosen und überforderte Männer in selbst gestrickten Pullovern vorkommen. Tatsächlich beginne ich, sie ein bisschen zu mögen. Ihren damaligen Kampf bewundere ich sowieso. Ich weiß, was wir Frauen der nächsten Generation ihr und ihren Mitstreiterinnen zu verdanken haben. Dass sie es bei all den feministischen Aktivitäten nicht geschafft hat, ihrem Sohn das mit der Bettwäsche und dem Fensterputzen beizubringen, verzeihe ich ihr. Wobei ich mich schon frage, wieso es bei seiner Schwester zu Hause immer ähnlich perfekt aussieht wie bei Maja. Woher hat die das denn?

Irgendwann nutzt Jens die gelöste Stimmung am Tisch und klopft mit dem Messer an sein Glas. Ich spüre schon seit ein paar Minuten, dass er sich vorbereitet und angespannt auf den richtigen Moment wartet, aber ich habe keine Ahnung, was jetzt kommt. Bitte nur kein Heiratsantrag! Ich finde diese öffentlichen Anträge, bei denen das ganze Restaurant oder das ganze Stadion applaudiert (applaudieren muss), ganz furchtbar. Ich hätte dann nicht das Gefühl, dass meine Antwort meine freie Entscheidung wäre. Also halte ich den Atem an, als Jens loslegt: »Weil wir gerade so schön zusammensitzen, will ich etwas verkünden. Man hat mir vor ein paar Tagen angeboten, im Herbst die Schulleitung zu übernehmen.« In meinen Ohren beginnt es laut zu dröhnen. Ich bin völlig überrumpelt und erstarrt. So was bespricht er nicht zuerst mit mir allein? Sondern verschanzt sich hinter seinen Eltern? Wie durch dicke Watte höre ich das Anstoßen der drei Gläser und die nachfolgenden, aufgeregten Gesprächsfetzen. Seine Eltern platzen fast vor Stolz. Um mich kümmert sich niemand. Blut ist eben dicker als Wasser. Irgendwann tanzt ein Weinglas vor meiner Nase. »Komm, Anne, anstoßen! Freust du dich nicht auch für Jens?« Renate ist aufgeräumt und völlig unbekümmert.

»Ich ... äh ... bin genauso überrascht wie ihr.« – »Ja, eine tolle Überraschung, oder? Sag mal, wäre das jetzt nicht der perfekte Moment für ein Kind? Jens muss mehr arbeiten und wird mehr verdienen. Da kannst du doch beruflich eine Pause machen.« Hoppla – da hat sich aber jemand schnell Gedanken gemacht! Oder ist sie schon länger eingeweiht? Ist das hier etwa ein abgekartetes Spiel zwischen Mutter und Sohn? Ich stehe auf. »Ich gehe mal kurz eine rauchen.« Jens schaut verwirrt: »Aber ... du hast doch vor drei Jahren aufgehört.« – »Ja, stimmt«, antworte ich kalt und gehe vor die Tür.

Draußen versuche ich mich zu beruhigen, aber das hektische Ziehen an der geschnorrten, ungewohnten Zigarette bewirkt das Gegenteil. Mein Darm reagiert unverzüglich und ich drücke die weitgehend ungerauchte Kippe aus, um zur Toilette zu rennen. Als ich mich erleichtert habe und gerade die Kabine verlassen will, höre ich Renates Stimme. Sie hat keine Ahnung, dass ich nicht mehr draußen bei den Rauchern stehe, und telefoniert wie so oft mit ihrer besten Freundin. Da Günter kein ernst zu nehmender Gesprächspartner ist, muss sie offenbar brühwarm das eben Erlebte mit wem anders teilen. Erstarrt höre ich die entscheidenden Sätze: »Ich weiß nicht, ob Anne wirklich die Richtige ist für Jens. Ja, sie ist nett und offenbar auch eine fähige ... irgendwas mit Technikassistenz macht sie wohl. Aber unser Junge macht jetzt richtig Karriere. Ich sehe ihn in ein paar Jahren auf Ministeriumsebene. Da braucht er doch eine Frau, die ihm den Rücken freihält. Das scheint sie noch nicht so ganz einzusehen. Außerdem will ich endlich mal wieder ein Enkelkind.« In meinem Entsetzen muss ich an den OMMA-Spruch von Jens denken und jetzt doch darüber grinsen. Als habe sie meine Gedanken lesen können, sagt Renate: »Du, ich muss wieder, die warten da am Tisch. Aber am Mittwoch sehen wir uns ja. Ich bring dir dann die neue EMMA mit, wie immer. Sind wieder tolle Sachen drin.«

Als sie weg ist und ich endlich ans Waschbecken kann, schaue ich in den Spiegel und frage mich: Wie weit geht meine Verpflichtung, den Familienfrieden zu bewahren? Ich könnte Simone anrufen und mich mit ihr beraten, aber eigentlich weiß ich es doch selbst. Ich erinnere mich an ein Treffen mit *meinen* Eltern. Damals hat Jens meinem Vater sehr vehement und heftig widersprochen, als der ein paar wirklich dümmliche Vorurteile über Lehrer und unser Bildungssystem raushaute. Sie haben sich richtig gestritten. Jens machte sich keinerlei Sorgen um den Familienfrieden und mein Vater war auch nicht tödlich beleidigt. Also kann ich das auch. Ich gehe zurück an den Tisch und schaue Renate an, ohne mich hinzusetzen: »Unsere Lebens- und Familienplanung würde ich gerne mit Jens allein besprechen. Ebenso die Frage, wer wem den Rücken freihalten soll.« Ist sie jetzt tödlich beleidigt? Nimmt sie ihren Mann an der Hand und trötet: »Günter, komm, wir gehen in ein Hotel!«? Und wenn schon – das wäre ihr Problem, nicht meins. Dann schnappe ich mir meine Handtasche und meinen Mantel und gehe.

KNACK DAS MUSS

Du musst dich nicht zusammenreißen, wenn du gekränkt oder beleidigt wirst – auch nicht, wenn deine Eltern oder Schwiegereltern im Spiel sind. Mach es wie Anne: Zeig klare Kante. Sprich Klartext, aber ohne Beleidigungen und Geschrei. Mach kühl und eindeutig deinen Standpunkt deutlich und zeige, dass du dir nicht alles gefallen lässt. Und verlass die Situation, statt stumm zu ertragen, wie du gekränkt wirst. Sonst explodierst du irgendwann so, dass plötzlich du im Unrecht bist.

KARRIERE ODER KIND?
ICH MUSS ... MUTTER WERDEN

Vier Tage nach dem verhängnisvollen Abendessen ist die Luft zwischen Jens und mir noch immer zum Schneiden. Wir haben noch kein Wort gewechselt, seit ich aus dem Restaurant gestürmt bin. Unvermeidliche Absprachen laufen über WhatsApp. Er schläft seitdem im Gästezimmer – das seine Eltern nicht benutzt haben. Sie sind an dem Abend tatsächlich in ein Hotel gezogen und am Morgen nach dem Musical-Besuch wieder nach Hause gefahren. War auch besser so. Jens hat sich an dem Abend kurz reingeschlichen und ihnen ihr Gepäck gebracht, während ich in der Küche saß und kochte. Und zwar kein Essen, sondern vor Wut.

Abends war Jens seitdem nicht da. Er kommt immer erst, wenn ich schon im Bett bin. Natürlich, ohne zu schlafen. Ich bin nervlich und körperlich fertig. Ihn hingegen höre ich bis in unser Schlafzimmer schnarchen, und die Wohnung riecht morgens nach Bier. Ab und zu tausche ich mich mit Simone aus; für übermorgen Abend sind wir verabredet. Aber irgendwann müssen auch Jens und ich reden. Geht ja nicht anders. Die spannende Frage ist, wer den ersten Schritt aus seiner Ecke macht. Ich finde natürlich, dass er das tun muss. Und vermutlich meint er, dass ich am Zug sei. Denn seine Mama attackiert niemand ungestraft. Ob er überhaupt versteht, warum ich so gekränkt war und so ausgerastet bin? Wobei ich mich ja ziemlich gut unter Kontrolle hatte, wie ich finde. Natürlich war es ein Eklat, aber ich habe mich nicht im Ton vergriffen, obwohl ich dafür allen Grund gehabt hätte.

Als ich von der Arbeit komme, steht eine Flasche Hugo auf dem Küchentisch. Das war damals, als wir uns kennenlernten, gerade mein Lieblingsgetränk. Inzwischen ist es das längst nicht mehr, aber ich lasse mal die Geste zählen, auch wenn sie unbeholfen ist. Auf der Flasche klebt ein Post-it: »Können wir reden? Ich will nicht, dass wir Streit haben. Jens. PS: Ich bringe Sushi mit.«

Als der Schlüssel sich im Schloss dreht, schlägt mein Herz bis zum Hals. Ich hasse solche Missstimmungen, aber ich bin entschlossen, ihm meinen Standpunkt klarzumachen. Es geht hier schließlich darum, wie wir zusammenleben. Oder sogar darum, ob wir zusammenbleiben? Aber vor allem geht es um mein Leben und um die ganz großen Fragen: Kinder, Karriere, Arbeitsteilung.

Wie die Parteien bei Tarifverhandlungen setzen wir uns gegenüber an den Küchentisch. Niemand weiß, wie anfangen. Jens druckst herum, setzt immer wieder an, etwas zu sagen, fällt sich dann aber sofort selbst ins Wort. Er traut sich nicht, Dinge auszusprechen, von denen er weiß, dass sie mich wütend machen werden, aber er muss sie offenbar sagen, damit ein Gespräch anfangen kann. Diese Zwickmühle setzt ihn schachmatt. Am Ende bin ich es, die die erste Brücke baut: »Ich bin dafür, dass wir erst mal beide etwas Positives sagen.« Das habe ich mal in einem Konfliktbewältigungsseminar kennengelernt und fand es gut. »Ich freue mich, dass dir die Schulleitung angeboten worden ist. Das ist eine tolle Anerkennung deiner Arbeit der letzten Jahre.« Jens schaut verblüfft. Damit hatte er offenbar nicht gerechnet. Er war auf Stress und Vorwürfe eingestellt. Er überlegt einen Moment und grinst dann verlegen. »Und ich fand deinen Auftritt im Restaurant ziemlich stark. Geradezu sexy.« Dann kratzt er sich am Kopf: »Aber trotzdem ... war er natürlich völlig daneben. Du hast meine Freude über meine Karrierechance sofort gekillt und mich vor meinen Eltern bloßgestellt. Meine Mutter besteht darauf, dass du dich bei ihr für den Lauschangriff auf der Toilette entschuldigst.«

Die Temperatur in unsere Küche fällt schlagartig um mindestens fünf Grad. Das war's erst mal mit meiner Bereitschaft, einen konstruktiven Gesprächseinstieg zu finden. Ich verschränke die Arme und sehe Jens an: »Okay, dann offenbar so. Du greifst meinen Vorschlag eines positiven Einstiegs zum Schein auf, um ihn dann gleich für mehrere Vorwürfe zu nutzen. Und du schaffst es, im ersten Satz genau das zu wiederholen, was das ganze Drama ausgelöst hat: dass deine Mutter mit am Tisch sitzt, wenn wir über unsere gemeinsame Zukunft reden. Wenn es die denn überhaupt geben wird. Bitte richte deiner Mutter aus, dass ich mich natürlich nicht entschuldigen werde. ›Lauschangriff‹ – so was Lächerliches. Sie hat auf dem Klo persönlichste Dinge in ihr Handy trompetet und sich vorher nicht vergewissert, ob sie allein ist. Und deine Mutter, EMMA-Leserin der ersten Stunde, hat mir tatsächlich vorgeschlagen, meine Karriere aufzugeben (»eine Pause machen« nannte sie es) und ein Kind zu kriegen, damit ihr Söhnchen freie Bahn hat und sie ein Enkelkind. Na, aus ihrer Sicht bin ich ja auch nur eine Art Aushilfe. Aber damit genug von deiner Mutter. Komm bitte wieder auf mich zu, wenn du bereit bist, sie außen vor zu lassen und über *uns* zu reden. Gerne auch ohne Hugo, den mag ich nämlich gar nicht mehr. Ist dir offenbar entgangen – wie so vieles.« Damit rausche ich aus der Küche, schmeiße die Tür zu und verkrieche mich ins Schlafzimmer.

Eine halbe Stunde später klopft es zaghaft an der Tür und Jens kommt hereingeschlichen. Er setzt sich mit gesenktem Kopf auf die Bettkante und sagt leise: »Können wir noch mal von vorn anfangen? Ich sehe ein, dass ich eben ziemlich danebenlag, und es tut mir leid. Du hast recht: Meine Mutter – das ist mein Problem, nicht deins. Ich möchte mit dir über uns beide reden. Weil ich mit dir leben will.« Er greift nach meiner Hand, aber dafür ist es zu früh. Ich ziehe sie weg, doch ich schmeiße ihn nicht raus. Widerstrebend frage ich: »Haben wir jetzt beide gesagt, was uns am meisten gekränkt hat? Das muss ja offenbar sein, am Anfang.« Jens zuckt die Achseln: »Ich wohl ja, oder?« – »Jens, das musst du schon selbst wissen. Ich habe noch nicht alles gesagt, fällt mir ein. Ich hätte sehr gerne als Erste erfahren, dass du befördert wirst. Das wäre ein Thema für ein Gespräch zu zweit gewesen.« Jens nickt: »Ja, das sehe ich ein. Ich habe das völlig falsch eingeschätzt. Ich dachte, alle sind euphorisch. Aber als meine Mut... als dann sofort das Baby-Thema aufkam, lief alles in die falsche Richtung.« Ganz ruhig sage ich: »Das Familienthema ist ja nicht generell die falsche Richtung, aber so war es echt daneben.« – »Ja, stimmt«, sagt Jens, und ich nehme es ihm ab. Dann schweigen wir erst mal eine Weile. Schließlich schaut er hoch und mir in die Augen. »Willst du denn eigentlich noch Kinder? Mit mir?« Die flehentliche Sehnsucht in seinem Blick ist geradezu rührend. Ich weiß ja, wie sehr er Kinder mag, und er kann auch gut mit ihnen umgehen. Was keineswegs für alle seine Kolleginnen und Kollegen gilt. Ich antworte nicht direkt, sondern frage zurück: »Was ist denn mit dir?« Er wird ganz weich, als er sagt: »Ich will unbedingt Kinder, na klar. Auch als Schulleiter. Aber was ist mit dir?« – »Ja, natürlich will ich auch gerne Kinder ...« Jens vergisst sich einen Moment und macht sein »Na-dann-ist-doch-alles-klar«-Gesicht. Ich bleibe wachsam – und prompt fragt er: »Wie würdest du das dann machen mit deiner Arbeit?« Jetzt wird mein Ton hart und meine Stimme bekommt etwas Metallenes: »Siehst du, jetzt sind wir bei dem Punkt, um den sich das hier eigentlich dreht. Du gehst ganz selbstverständlich davon aus, dass du Vater und Schulleiter gleichzeitig sein kannst. Und mich fragst du direkt, was denn mit meiner Arbeit würde, wenn ein Kind kommt. Jens, ich will gern ein Kind, aber ich will nicht in den Beruf ›Hausfrau und Mutter‹ wechseln. Ich will meine Arbeit nicht aufgeben. Außerdem will ich, dass wir ein Kind gemeinsam großziehen. Gleichberechtigt. Dass wir beide zurückstecken, wo es nötig ist, nicht ich allein.«

Jens denkt, dass er jetzt etwas Ermutigendes sagt: »Bei einer Frau mit deinen Fähigkeiten habe ich keinerlei Sorge, dass sie wieder reinkommt in den Job.« Ich reagiere sofort: »Wieder reinkommen?!? Das heißt, du gehst automatisch davon aus, dass ich erst mal *raus* wäre? Genau das will ich nicht! Und zum Thema Fähigkeiten: Du weißt, dass Maja ein deutlich besseres Abi hat als Dirk, oder? Sie wollte Medizin studieren nach ihrer Ausbildung, doch während sie auf den Platz wartete, kam Lennart. Und heute? Nix mit wieder reinkommen und Karriere. Der Zug ist abgefahren.«

Jens schaut mich hilfesuchend an. »Aber wie soll denn das gehen? Auch finanziell? Hast du bedacht, was so ein Schulleitergehalt für uns als Familie bedeutet? Ich würde verbeamtet. Volle Sicherheit. Auch für unsere Altersversorgung.« Ich stehe auf und sage: »Das ist nicht der Gesichtspunkt, unter dem ich über mein berufliches Leben entscheiden will. Ich arbeite, weil ich das will – nicht aus steuerlichen Gründen oder wegen der Rente. Die ja im Übrigens erst mal *deine* Rente ist.« Damit schließe ich das Thema vorläufig ab: »Es ist gut, dass wir endlich mal offen darüber gesprochen haben. Wir haben, glaube ich, beide Themen, über die wir uns klar werden müssen.«

Jens steht jetzt vor mir und macht unbeholfene Anstalten, mich in den Arm zu nehmen. Ich spüre eigentlich denselben Drang, aber ich weiche ihm trotzdem aus. Es ist noch zu vieles unklar. Gut, dass wir für solche Phasen ein Gästezimmer haben.

KNACK DAS MUSS

Wünscht ihr euch ein Kind? Schön! Doch bleib bei allen warmen Gefühlen dabei nüchtern. So glücklich du auch in deiner Partnerschaft sein magst – geh zu einer Beratung und rechne einmal rein theoretisch durch, wie dein Leben als alleinerziehende Mutter aussähe. Nicht nur finanziell, sondern auch sonst. Geh dabei bis zum Rentenalter. Und dann entscheide, ob du ein Leben mit Kindern willst und wie es ausgestaltet sein soll, damit deine Bedürfnisse nicht unter den Tisch fallen. Schreib dir auf, worauf es dir ankommt, und mach deinen Standpunkt gegenüber deinem Partner so klar, als säßest du beim Notar. Klingt unromantisch? Kein Wunder – Lebensplanung ist nichts rein Romantisches. Unterhalte dich mal mit Frauen aus der Generation deiner Eltern und Großeltern oder mit deinen alleinerziehenden Freundinnen.

ICH ALS FRAU MUSS DOCH ...

ICH DARF NICHT ... NUR AN MICH DENKEN

Nach dem Gespräch mit Jens habe ich eine große Klarheit in mir gespürt. Ich war zwar erschöpft, aber ich habe deutlich gemacht, was ich wollte – und was nicht. Endlich mal habe ich nicht überlegt, ob meine Bedürfnisse ihn verletzen könnten oder egoistisch sind, sondern sie einfach ausgesprochen.

Doch als ich nun mit Simone beim Vietnamesen sitze und auf die Karte mit den Buchstaben und Zahlen starre, erweist sich die Klarheit als Illusion. Und das liegt nicht an der Gepflogenheit asiatischer Lokale, »M 13« als Bestellung zu erwarten statt »Gebratene Ente«. Ich erzähle Simone von unserem Streitgespräch, aber als sie mich fragt: »Und was genau willst du?«, gerate ich ins Stottern. Ich verschaffe mir erst mal ein wenig Zeit, indem ich sage: »Ingwertee. Und knusprige Ente, mittelscharf.« Aber die Frage, was ich will, brodelt weiter in mir. Zum Glück spürt Simone, wie es mir gerade geht, und ermuntert mich: »Los! Hau einfach raus, was dir durch den Kopf schießt. Ich erwarte kein ausgearbeitetes Referat.«

Ich bin selbst überrascht, was als Erstes aus mir herausquillt: »Ich möchte schon ein Kind haben, aber am liebsten keines zur Welt bringen. Ich hab tierischen Schiss vor der Entbindung und den Schmerzen.« Simone, für die Gebären nicht auf dem Zettel steht, schaut mich an und wartet geduldig. Ich denke laut vor mich hin: »Aber ich muss tapfer sein. Alle sagen, dass man am Ende von Glückshormonen überschwemmt wird, und das davor – das haben schon so viele Frauen geschafft.« – »Und kein einziger Mann«, wirft sie trocken ein. Ich muss kurz lachen und nicke. »Haben die ein Schwein, mal wieder. Keine

Periode, keine Entbindung, keine Mastitis.« – »Und keine Wechseljahre«, ergänzt Simone grimmig. Komisch, dass sie damit kommt, das ist doch noch so weit weg. Aber in ihrer Beratung hat sie viel mit Frauen zu tun, die erst während der Wechseljahre merken, wie sehr sie sich jahrelang überfordert haben.

»Manchmal frage ich mich, wie doll ich wirklich ein Kind will, aber wenn Jens so gern eins haben will …. Und meine Eltern wünschen sich auch so sehr ein Enkelchen.« Jens' Eltern lasse ich hier mal weg, obwohl der Druck natürlich auch von ihnen kommt. Mein Zorn auf Renate ist aber immer noch so groß, dass ich deren Erwartungen innerlich noch am besten wegschieben kann.

Dann fällt mir das nächste Thema ein. »In meinem Job habe ich Verantwortung für ein Projekt, das für die Firma überlebens-wichtig sein kann. Du weißt ja – der Flüsterlaubbläser. Da darf ich nicht dauernd ausfallen, nur weil es vielleicht eine kompli-zierte Schwangerschaft ist oder das Kind kränkelt.«

Simone sieht mich nachdenklich an. »Ist dir was aufgefal-len eben? Ich hab dich gefragt, was du *willst* – und du hast mir erklärt, was du deiner Meinung nach *musst*. Oder *nicht darfst*. Tapfer sein. Jens ein Kind schenken. Die Firma im Stich lassen.«

Mir ist bewusst, dass ich jetzt meine ganze Anspannung und meinen Frust auf Simone projiziere und dass das nicht gerecht ist, aber es ist trotzdem nicht zu stoppen. Mit mehr Aggressivi-tät, als ich es will, sage ich: »Ja, du beschreibst es völlig richtig, meine Liebe. Ich kann nicht sagen, was ich will – weil ich mich umstellt fühle von lauter Erwartungen und Zwängen. Und einer davon, sei mir nicht böse, ist die Frage, was ich mir als eman-zipierte Frau schuldig bin. Oder soll ich eher sagen: was ich *dir* schuldig bin? Oder der Frauenbewegung? Wenn ich ganz ehr-lich bin, frage ich mich oft: Was sagt Simone, wenn ich das und das mache oder nicht mache? Wie findet sie es, wenn ich Lust habe, mir an einem Adventssonntag alle drei Sissy-Filme reinzuziehen? Oder wenn ich mir Hochzeitskleider-Sendungen anschaue und über A-Linien und B-Linien nachdenke? Ist es antifeministisch, wenn ich einen Kuchen backe? Muss ich, wenn ein Paar sich trennt und die Freunde sich aufspalten, immer zur Frau halten, auch wenn ich den Mann eigentlich netter fand? Und gucke ich manche Arte-Dokus nur deinetwegen?« Ich bin selbst erschrocken über den Ärger, der sich da gerade Bahn bricht, und warte angespannt auf Simones Antwort. Doch die ist plötzlich ganz bekümmert. Sie nimmt meine Hände und sagt mit ganz weicher Stimme: »Mensch, Anne, ich will nur eins: dass du glücklich bist. Ich will dich nicht noch mehr unter Druck setzen. Feminismus heißt nicht, dass du tust, was *ich* will, sondern das, was *du* willst!« – »Schöner Satz. Ja, du persönlich setzt mich ja auch nicht direkt unter Druck. Na ja, jedenfalls selten. Aber dieses Emanzipationsding zerrt eben genauso an mir wie von der anderen Seite die Tradition. Am meisten Angst habe ich vor dem Spagat und der Doppelbelastung, wenn ich versuche, beiden gerecht zu werden. Und das mit einem Mann an der Seite, der sich zwar Mühe gibt, aber viele Aufgaben einfach nicht sieht. Oder sie perfekt ausblenden kann, wenn der Job gerade wichtiger ist. Da bleibt dann so viel an mir hängen, Vereinbarung hin oder her. Ich soll 'ne tolle Mutter sein, den Haushalt picobello führen, begnadet kochen, Jens eine gute und attraktive Partnerin sein – und zugleich Karriere machen.« Simone wirft trocken ein: »Das wäre keine Doppel-, sondern eine Fünffachbelastung.« – »Genau. So eine Politikerin hat mal gesagt: Wenn Frauen zu hundert Prozent Karrierefrau, zu hundert Prozent Mutter und zu hundert Prozent Partnerin sein wollen, sind sie nach kurzer Zeit ein dreihundertprozentiges Wrack.« Simone nimmt den Ball sofort auf: »Okay, dann wissen wir ja schon mal, was du *nicht* willst.« Hofft sie, dass ich mich langsam entspanne? Da muss ich sie enttäuschen, das krieg ich heute leider nicht hin. »Weißt du, was mich so stresst? Dass ich auch dann, wenn mal niemand was von mir will, keine Ahnung habe, was ich eigentlich will. Ich habe das Gefühl, auch die Möglich-keiten, die ich habe, werden zur Belastung, weil wir Frauen uns zielstrebig in die Erschöpfung emanzipiert haben. Wegen die-ser Gefühle habe ich dann wiederum ein schlechtes Gewissen gegenüber den Frauen, die nie vor dieser Wahl standen. Für die berufliche Erfüllung undenkbar war. Frauen, die nicht sagen konnten: ›Ich entscheide mich – Mutterschaft, Beruf oder bei-des.‹« Simone verzieht das Gesicht: »Das steht ja wohl kaum auf derselben Stufe, die Karriere und die Kittelschürzenexis-tenz.« Das kommt jetzt sehr aus ihrem eigenen Lebensentwurf. Und irgendwie widerspricht sie sich damit selbst. Ich bin gerade so in Fahrt, dass ich sie darauf anspreche. »Mir ist schon öfter aufgefallen, dass du dich nicht an deine eigene politische For-derung hältst. Du meinst ja oft, dass die Leistung von Frauen in der Erziehungs- und Hausarbeit zu wenig anerkannt wird von der Gesellschaft. Wie sagst du immer dazu? Ach ja, Care-Arbeit. Dass es dafür weder Geld gibt noch ausreichend Lob und Res-pekt. Aber wenn du über Frauen redest, die ›nur‹ Mütter sind, klingt das nicht gerade respektvoll.« Simone wird ein biss-chen blass. Erschrocken sagt sie: »Du hast recht. Das ist so ein blinder Fleck von mir. Ich kann mir das so wenig vorstellen, zu Hause zu hocken und den ganzen Tag nur in Babysprache zu kommuniz… ooops, ich tu's schon wieder, oder?«

Ich stütze das Kinn in die Hände und schaue sie an: »Weißt du, manchmal beneide ich Frauen, die gar nicht erst versuchen, alles unter einen Hut zu kriegen. Die entweder auf Kinder ver-zichten oder auf Karriere. Ich fühl mich so dazwischen, und das ist aaanstrengend!« Simone nickt, sieht aber ziemlich rat-los aus. Habe ich mir denn überhaupt einen Rat gewünscht? So wie manche Männer ihn sofort parat haben, wenn man ihnen ein Problem schildert, obwohl man einfach nur drüber sprechen wollte? Und kein Patentrezept?Manche Probleme sind wir ein guter Teig, sie müssen eine Weile liegen, dann wieder durch-geknetet werden, dann wieder ruhen …

Ich schaue Simone an. »Weißt du, so komisch es klingt: Gestern war ich an dem Punkt, zu sagen: Ich könnte doch einfach meinen Job sausen lassen und so leben wie Maja. Hausfrau und Mutter und allenfalls einen Halbtagsjob und zufrieden damit. Na ja, zufrieden ... sie war ja zuletzt ganz schön fertig, wenn man ehrlich ist. Wann fängt eigentlich ihre Mutter-Kind-Kur an?« Während ich noch plappere, merke ich, dass Simone, die durch ihr Smartphone abgelenkt worden ist, mich entsetzt anstarrt. Ich hebe die Hände: »Ja, ja, ich weiß – so ein Gedanke ist für dich der Horror, dieses Mutti-Sein. Aber hat Maja es nicht irgendwie besser? Also, ich ...« Simone unterbricht mich und sagt mit todernster Stimme: »Hier kam gerade eine Nachricht von Dirk rein. Maja ist seit gestern in der Psychiatrie. Völliger Zusammenbruch.«

KNACK DAS MUSS

Du weißt nicht, was du willst und sollst, weil so viele Seiten an dir zerren? Gesteh dir ein, dass du unmöglich alle Erwartungen erfüllen kannst und dass du mal mehr in Richtung »emanzipierte Frau« denkst und mal mehr in Richtung »Muttertier«. So ist das Leben – ein einziger Widerspruch, vor allem für Frauen. An unserem Rollenverständnis ändert sich sehr viel mehr als an dem der Männer. Was du willst, ist nicht in Stein gemeißelt, es hängt von vielen Umständen und manchmal auch von Stimmungen ab. Also zwing dich nicht zu Konsequenz und Eindeutigkeit, wo diese gar nicht möglich sind.

DIE NEUE MAJA
ICH MUSS ... MICH BENEHMEN UND AUF MICH HALTEN

Als wir ankommen, sitzt Maja schon auf einer Bank neben dem Parkplatz der Rehaklinik. Als Erstes fällt mir auf, wie leger sie gekleidet ist: Gesundheitssandalen, Jogginghose, Sweatshirt. Die Haare hat sie sich – eher praktisch als schön – zu einer Art Pferdeschwanz zusammengebunden. Sie sieht erholt aus, aber zugleich wirken ihre Gesichtszüge etwas härter und kantiger als früher. »Hast du abgenommen?«, frage ich deshalb nach unserer innigen Umarmung als Erstes, was Simone dazu veranlasst, die Augen zu verdrehen. Maja schnauft: »Phh! Nee. Die mästen mich hier. Ich hab jetzt mindestens drei Kilo mehr drauf. Aber ich hab gelernt, dass das völlig egal ist, solange ich mich wohlfühle damit.«

Weil es ein etwas windiger und kühler Tag ist, lotst sie uns in die Cafeteria. Die hat dasselbe deprimierende Plastikmobiliar wie alle Kantinen und Publikumsräume in Kliniken und Behörden. Die Maja von früher hätte sich wortreich entschuldigt für die ungemütliche Atmosphäre, obwohl sie nichts dafür kann. Ich registriere mit Freude, dass sie darauf verzichtet. Als wir alle unseren Espresso an den Tisch balanciert haben, fällt mir auf, dass sie sich einfach den Zuckerstreuer schnappt und sich bedient. Früher hätte sie ihn – ganz perfekte Gastgeberin – immer zuerst uns hingeschoben und wäre so lange höflich gewesen, bis alle drei Espressos kalt gewesen wären. (Oh, wie gut, dass Jens nicht dabei ist. Der hätte jetzt sicher raushängen lassen, dass der korrekte Plural »Espressi« lautet.)

Simone fragt: »Und? Was hast du hier gelernt bisher?« Dabei blitzt sie mich kurz grinsend und triumphierend an. Der Hintergrund: Während der Fahrt haben wir eine ganze Weile gegrübelt, wie wir die langweilige Psycho-Einleitungsfrage »Und? Wie geht's dir?« vermeiden können. Innerlich gratuliere ich ihr zu diesem Einstieg.

Maja antwortet wie aus der Pistole geschossen: »Egoismus. Die bringen mir hier bei, egoistischer zu sein.« Ich bin etwas verdattert. Egoistisch – das ist für mich kein positiver Begriff, und als Lernziel einer Reha mit Therapie hatte ich ihn bisher nicht auf dem Zettel. Aber Simone ist total begeistert. »Guuuut! Das ist guuuut!« Unsicher frage ich: »Wirklich? Ist Egoismus gut?« Simone setzt zu einer Antwort an: »Vielleicht nicht gener…«, aber Maja unterbricht sie einfach: »Wenn jemand bisher zu wenig auf sich selbst geachtet hat, dann ist Egoismus gut. Lebensnotwendig. Überlebensnotwendig.« Sie klingt dabei entschlossen und fast wütend. Erst recht, als sie mich ansieht und sagt: »Täte dir auch mal gut, eine Portion davon.« Ich schlucke und weiß nicht so recht, wie ich mit der neuen Maja umgehen soll. Simone hingegen stimmt ihr uneingeschränkt zu, beziehungsweise – sie versucht es: »Ich finde das genau richtig. Viele Frauen vernachläss…« Wieder haut Maja einfach dazwischen, ohne direkt auf Simone einzugehen: »Ich bin jetzt seit drei Wochen hier, davor war ich sechs Wochen in der Psychiatrie. Ich hab über vieles nachdenken können. Und müssen. Ich habe verstanden, dass ich nicht nett war zu Maja. Zu allen anderen: ja. Aber nicht zu mir selbst. Ab jetzt heißt mein Motto: Stärke statt Weichspüler. Und jetzt muss Maja mal pissen.« Sie steht auf und marschiert in Richtung Klo. Ich starre ihr nach und schaue dann Simone an. »Ist das unsere Maja, die da gerade ›pissen‹ gesagt hat? Und schau mal, sie läuft ganz anders. Nicht mehr so … mädchenhaft wie früher.« Simone verarbeitet gerade noch, dass Maja sie zweimal unterbrochen hat: »Das kannte ich bisher nur von Männern, dieses autistische Dazwischenreden.« Sie schüttelt den Kopf, und dann schweigen wir erst mal. Gespannt schauen wir Maja entgegen, als sie zurück an den Tisch marschiert kommt. Sie schmeißt sich auf ihren Stuhl, pult sich einen Krümel aus den Zähnen und sagt leicht schmatzend: »Wisst ihr, was ich auch gelernt habe? Bisher habe ich immer den Kopf geschüttelt über junge Frauen, die überhaupt nicht belastbar sind. Die sich mit Anfang zwanzig – topfit, kinderlos und im Hotel Mama wohnend – nicht in der Lage sehen, mehr als dreißig Stunden pro Woche zu arbeiten. Die jahrelang in Therapie sind. Die immer noch so ein pinkfarbenes Kleinmädchen-Portemonnaie haben, aus dem sie an der Kasse ihre Münzen nesteln, als bekämen sie noch Taschengeld. Die gestresst sind von den Möglichkeiten, die die Welt bietet – von den Neuseeland- und Australien-Trips ihrer Schulfreundinnen; von den tausend Studienfächern und Ausbildungen, zwischen denen sie wählen sollen; von den zwanzig Oberteilen, die sie sich schicken lassen, um eines davon zu nehmen. Höchstens. Inzwischen denke ich: Die sehen uns, ihre Mütter und Tanten, ihre Lehrerinnen oder Chefinnen und ihre älteren Schwestern, wie wir zielstrebig auf den Burn-out zusteuern, und sagen sich intuitiv: So will ich nicht leben. Lieber verweigere ich mich den Anforderungen und werde einfach nicht erwachsen. Die haben dann noch mit Mitte zwanzig das Bett voller Kuscheltiere und nennen ihre Kolleginnen und Kollegen ›die Erwachsenen‹. Oft haben sie auch keine Beziehung, sie haben ja mit sich selbst mehr als genug zu tun. Aber vielleicht haben sie ja recht mit dem Gefühl, dass das Leben einer erwachsenen Frau eine einzige Überforderung ist. Ich versteh die jetzt jedenfalls besser. Was meint ihr?«

Simone und ich ringen nach Worten. Wir versuchen, unsere Verblüffung nicht allzu deutlich zu zeigen, was aber nicht gelingt. Maja fragt: »Hab ich mich echt so verändert?« Wir nicken beide heftig. Simone setzt erneut an, etwas zu sagen, aber Maja ist diesmal schneller: »Das ist gut. Das ist wirklich gut.« Simone nickt. »Ja, das finde ich auch, Maja. Bisschen gewöhnungsbedürftig, aber sehr, sehr gut. Über das mit den jungen Frauen und der Belastbarkeit muss ich mal nachdenken. Hab ich so noch nie gesehen. Aber du hast ja auch einen Vorsprung beim Nachdenken«, grinst sie. Ich schalte mich ein: »Ich kenne aber jede Menge junger Frauen, die die Chancen, die das Leben ihnen bietet, freudig ergreifen. Die reisen, studieren, haben Hobbys, eine Beziehung ...« Maja nickt: »Klar, die gibt's auch. Ein Teil der jungen Frauen ist von Anfang an überfordert, ein Teil findet es super. Und aus beiden Gruppen landen leider einige irgendwann hier. Gar nicht so wenige, genau genommen. Zu viele jedenfalls.« Sie zeigt um sich und blickt nachdenklich auf das trostlose Ambiente, das uns umgibt.

Ich frage: »Und wie sind die Leute hier so? Nette dabei?« Jetzt geht mit Maja eine verblüffende Verwandlung vor. Sie errötet leicht, wie ein kleines Mädchen, und ähnelt plötzlich wieder der früheren Maja. Sie murmelt mehr, als dass sie antwortet: »Manche sind okay, aber man ist meistens für sich hier.« Dazu macht sie eine wegwerfende Handbewegung. Ganz offensichtlich will sie nicht darüber sprechen – warum auch immer. Stattdessen lenkt sie das Gespräch auf ein anderes Thema: »Am Wochenende war Dirk mit den Kindern hier. Endlich hab ich sie wiedergesehen. Das tat schon gut. Aber jetzt kämpft die neue Maja gerade ganz schön mit der alten.« Ich frage: »Wieso? Wie meinst du das?« Plötzlich schießen ihr die Tränen in die Augen. »Ich mach mir solche Sorgen um die beiden. Ich glaube, die verwahrlosen. Ich fühl mich schlecht, weil ich sie im Stich gelassen habe. Dieser Scheiß-Burn-out!« Oh weh! Das ist jetzt ganz schön viel alte Maja! Simone hat die nötige Coolness, um rational darauf zu reagieren, und fragt ganz direkt nach. »Verwahrlost, sagst du. Woran machst du das fest?« Maja zuckt die Achseln. »Lenni hatte eine schwarze und eine dunkelblaue Socke an. Beide waren seit mindestens zwei Monaten nicht beim Friseur. Ihre Fingernägel waren schmutzig. Und sie haben erzählt, dass es ganz oft ihre Lieblingsessen gibt.« – »Na, das ist ja nun kein Zeichen von Vernachlässigung, oder?« Maja schnieft: »Pizza und Fischstäbchen. Tiefkühlkost! Dauernd! Nichts Frisches!« Ich merke vorsichtig an: »Kriegen sie mittags in der Schule nicht viel Gemüse? Sogar Bio?« Maja nickt widerstrebend. Jetzt zeigt sich, wie strate-

gisch Simone Gespräche führt, um weiterzukommen. Obwohl
sie die Antwort genau kennt, fragt sie: »Wie ist noch mal die Be-
treuungssituation? Machen das die Omas im Wechsel? Oder be-
freundete Familien?« Maja schüttelt den Kopf. »Ich dachte, das
wüsstet ihr. Dirk war doch total erschrocken nach meinem Zusammenbruch. Der hat da erst kapiert, wie es mir geht. Er ist sofort zu seinem Chef und hat ihn vor die Wahl gestellt: Entweder
er arbeitet halbtags, bis ich wieder völlig fit bin, oder er kündigt.
Natürlich hat der Chef sofort der Halbtagslösung zugestimmt.
Dirk ist ein echter Experte auf seinem Gebiet, er wird da dringend gebraucht. Niemals würden sie auf die Schnelle Ersatz finden. Er hat sogar schon ausgehandelt, dass er auch nach meiner
Genesung nur noch 80 Prozent arbeiten wird, und mindestens
einen Tag die Woche von zu Hause aus. Finanziell kriegen wir das
hin, sagt er. Und ich soll an mindestens einem Tag die Woche
Sachen für mich tun.« Selbst Simone nickt anerkennend, so als
wäre das alles neu für sie: »Respekt. Da muss dein Mann ja wirklich einen Mordsschrecken bekommen haben.« – »Ja, scheint
so. Aber jetzt hat er nachmittags und abends die Kinder. Und er
weiß doch so vieles nicht. Wie das alles geht und was wichtig ist
für sie. Er hatte doch immer die Männertaktik drauf: Dinge so
schlecht erledigen, dass ich ihn schleunigst davon befreit habe.
Vom Kochen, vom Einkaufen, vom Waschen, vom Putzen, vom
Bügeln ... Ich will lieber gar nicht wissen, wie das jetzt aussieht.
Und der Garten. Und wie die Zeugnisse ausfallen werden.«

Ich bin jetzt auch mal direkt und hake nach: »Maja, du
sprachst von Verwahrlosung. Wirkten die Kinder denn unglücklich oder durcheinander, als sie hier waren? Oder gar trauma-
tisiert? Haben sie sich beim Abschied an dich geklammert und
wollten gar nicht wieder weg?« Jetzt weint Maja richtig heftig.
»Eben nicht! Sie wirkten ganz ausgeglichen und glücklich. Sie
schienen mit Dirk ein eingespieltes Team zu sein, es gab keinerlei Abschiedsschmerz. Die wissen nicht mal, wie sehr sie gerade vernachlässigt werden!«

Simone und ich wechseln einen schnellen Blick. Wir wissen jetzt, woher der Wind weht, und suchen fieberhaft nach dem diplomatischsten Weg, Maja ihre Sorgen zu nehmen, ohne sie zu kränken. Simone holt schon Luft, aber ich stoppe sie. »Maja, es ist klar, dass ein solcher Einschnitt, wie er dich und euch getroffen hat, an den Kindern nicht spurlos vorübergeht. Sie müssen ganz schön lange auf eine so tolle Mama verzichten. Gut möglich, dass darunter auch mal ein Halbjahreszeugnis leidet oder die gesunde Ernährung. Aber wenn du sagst, dass sie ausgeglichen und glücklich auf dich wirkten – meinst du wirklich, dass Dirk sooo viel falsch macht?« Maja brütet eine Weile vor sich hin und sagt dann tonlos: »'Ne tolle Mama, die ihre Kinder im Stich lässt. Und dann zeigt sich, dass es den Kindern beim Vater sowieso viel besser geht. Wofür soll ich dann überhaupt wieder nach Hause kommen?« Jetzt reicht es Simone. Sie haut mit der Hand auf den Tisch, dass die Espresso-Tässchen nur so hüpfen, und zischt ziemlich laut: »Jetzt ist's aber genug mit dem Selbstmitleid! Kann ich bitte sofort die Maja sprechen, die vorhin pissen war?!« An den Nachbartischen wird zuerst erschrocken geschwiegen und dann vorsichtig gekichert. Das ist so ansteckend, dass selbst Maja sich nicht dagegen wehren kann, zu grinsen. »Ich bin ganz schön wehleidig, oder?« Wir nicken beide. »Aber ich mach mir eben solche Sorgen, ob zu Hause alles gut geht. Versteht ihr das nicht?« – »Doch, tun wir«, sage ich. »Aber Dirk macht es weder besser noch schlechter als du, sondern anders. Und anders ist nicht automatisch falsch. Vor allem: Solange er lieb ist zu den Kindern, ist das kein Problem, sondern eine Bereicherung, finde ich. Mensch, deine Kinder werden künftig zwei Eltern haben, die sich Zeit nehmen für sie und ihnen unterschiedliche Möglichkeiten zeigen, das Leben anzugehen und Dinge zu regeln. Eltern, die verschiedene Bedürfnisse abdecken. Das ist doch wunderbar! Die meisten Kinder haben dieses Glück nicht. Außerdem kannst dich so noch mehr um dich kümmern als bisher, damit du nicht wieder zusammenklappst.«

Simone nickt. »Die Zeit hier ist perfekt für dich, um Loslassen zu üben. Ich kritisiere Frauen und Mütter ja ungern und höchst selten, aber manche stehen sich echt selbst im Weg, wenn es darum geht, dem Partner einen Teil der Erziehungs- und Hausarbeit zu übergeben. Sie sind überzeugt, dass nur Mütter wissen, wie man das richtig macht. Dieses Problem wirst du hoffentlich nicht haben, wenn du wiederkommst, weil Dirk es jetzt schon seit Wochen übt.«

»Apropos«, sage ich. »Wann kommst du eigentlich wieder? Du fehlst uns. Ohne dich sind unsere Weiberfrühstücke irgendwie …« Wie sage ich das jetzt, ohne Simone zu kränken? »… unvollständig«, vollendet die meinen Satz. Die unkomplizierte Simone eben – sagt, was Sache ist, ohne zu viel zu grübeln.

Maja freut sich sichtlich. »Wirklich? Ich fehle euch?« Jetzt wird es Simone zu pathetisch. »Kein bisschen, das war gelogen. Weißt du doch, du Schnepfe.«

Maja lacht kurz und rutscht dann auf dem Stuhl herum. Sie wird rot wie vorhin bei der Frage nach den anderen Reha-Patienten und -Patientinnen. »Ich frage mich ja …«, beginnt sie zögernd, »… ob Dirk voll ausgelastet ist. Und ob ich auch ihm fehle. Also auch … sexuell. Oder ob er vielleicht … 'ne Affäre hat.« Ich zucke zusammen. Aus einer früheren Beziehung bin ich da ein gebranntes Kind. »Hast du diesbezüglich irgendwelche Anzeichen bemerkt? War er öfters nicht erreichbar oder konnte er dir nicht in die Augen sehen, Sowas?« Maja schüttelt den Kopf. »Nee, keine Anzeichen. Aber wir sind ja nun mal beide relativ junge Menschen mit Bedürfnissen …« Sie wird noch röter – und bei Simone fällt der Groschen. Vergnügt flüstert sie: »Maja hat 'n Kurschatten, hurra! Wie heißt er?« Majas Gesicht ist jetzt endgültig tomatenfarben. »Tobi«, sagt sie schüchtern. »Aber er ist schon wieder weg, heim zu Frau und Kind. Er wohnt 500 Kilometer von mir entfernt. Ist auch besser so.« – »Und wie kam's dazu?«, frage ich neugierig. »Ach, na ja. Diese Therapiesitzungen öffnen einen ja sozusagen in alle Richtungen. Abends saß oft eine Gruppe von Leuten in einem der Zimmer zusammen. An dem einen Abend eben bei mir. Tobi ist als Letzter geblieben und wir haben bis vier Uhr früh gequatscht, und dann ...« Simone lacht: »Schon klar. Hat er den Weg zurück in sein Zimmer nicht mehr gefunden. Hat's sich denn gelohnt?« Maja grinst verschämt. »Oh ja! Ich war ja, wie gesagt, offen für alles.« So wie meine schwankt auch ihre Stimmung zwischen »Ich habe was ganz Schlimmes gemacht« und »Das stand mir auch mal zu«.

Simone spricht klärende Worte nach Simone-Art: »Ich kenne kaum jemanden, der oder die während einer Reha *keine* Affäre hatte. Im Kopf oder real. Das ist normal und in der Regel eine einmalige Sache. Du hast es gut beschrieben, Maja: psychischer Ausnahmezustand, lauter neue Gedanken und dazu Menschen, die in derselben existenziellen Situation sind und von denen man sich total verstanden fühlt. Diese Mischung aus Kaserne und Hotel tut dann den Rest. Die Sache bleibt natürlich unter uns, es sei denn, sie ist ein Grund für dich, die Beziehung zu Dirk zu überdenken.« Maja schüttelt heftig den Kopf. Ich frage: »Hast du denn Kontakt zu ...Tobi?« Maja nickt und guckt dabei halb schuldbewusst und halb schelmisch. »Wir haben vor ein paar Tagen telefoniert. Vier Stunden lang, stellt euch vor! Seine Frau war verreist. Das Lustigste war, als ich zwischendurch mal musste. Ich hab mich weder getraut, das zu sagen, noch, mich beim Telefonieren aufs Klo zu setzen. Das hätte er ja gehört. Aber ich hab vor ein paar Tagen im Lektüreregal ein Buch gefunden, so einen Comedy-Roman über Dating. »Draußen nur Männchen« heißt der. Die Erzählerin schildert darin genau diese Situation – und wie sie während des Telefonats superleise einen Eimer holt, ihn mit mindestens einer Rolle Küchenpapier auslegt, sich draufsetzt und lautlos pinkelt. Kurz danach sagt der Typ am anderen Ende: ›Du, ich muss mal aufs Klo. Ich ruf dich gleich zurück.‹ Exakt so war es bei uns. Ich hab tatsächlich die Eimer-Nummer durchgezogen – dafür musste ich sogar an den Putzschrank im Flur vor den Zimmern –, und kurz danach sagte Tobi: »Du, Maja, ich muss dringend pissen. Kurze Pause, ja?« Maja schaut uns an, während wir uns kreischend wegschmeißen. »Und jetzt wisst ihr auch, woher die neue Maja das Wort von vorhin hat.«

Beim Abschied umarmt Simone sie so innig wie noch nie und sagt: »Ich fand die alte Maja ja schon toll, aber die neue gefällt mir auch seeehr gut. Die sollen ab jetzt bitte immer beide zu unseren Frühstücken kommen, ja?«

 ## KNACK DAS MUSS

Ich muss an andere denken statt an mich selbst. Ich muss mich um die Kinder sorgen. Ich muss treu sein. Wenn dir diese Sätze bekannt vorkommen, dann sind hier vier Tipps für dich:

Tipp 1: Gönn dir eine Portion Egoismus. Tu, was dir guttut. Davon profitieren alle.

Tipp 2: Der Vater kümmert sich um die Kinder? Dann lerne, loszulassen und ihm was zuzutrauen. Lass ihn machen. Übe dich in Gelassenheit, auch wenn er Dinge anders macht als du.

Tipp 3: Eine Affäre wiegt oft schwer – aber auch nicht schwerer als bei einem Mann. Leg keine strengeren Maßstäbe an dich an als an deinen Partner.

Tipp 4: Kümmere dich um dich! Du bist die Hauptperson in deinem Leben – und die soll gut behandelt werden.

EIN SCHUTZRAUM ZUM DENKEN WÄR' SCHÖN

ICH MUSS ... FUNKTIONIEREN

Im Auto grüble ich lange vor mich hin. Wie wird es wohl sein, wenn Maja wieder zu Hause ist? Wie werden sich die großen neuen Pläne von Dirk und ihr bewähren? Wird sie bald wieder voll im Hamsterrad sein? Welche Erwartungen werden wieder auf sie einprasseln? Wird sie es wirklich schaffen, sich mehr um sich selbst zu kümmern? Werden ihre Familie, ihre Kolleginnen und die Chefin, die Leute aus dem Schulumfeld es ihr »erlauben«, sich regelmäßig aus allen Verpflichtungen rauszuziehen, damit sie für sich sorgen kann und machen, was ihr guttut? Sie hat schon öfter davon gesprochen, dass sie gerne einen Kletterkurs machen will. Baumkletterin sein – das ist so ein Traum von ihr.

Ich mache mir diese Gedanken nicht nur wegen Maja, sondern auch meinetwegen. Ich stecke mitten in einer heftigen Krise mit Jens, bei der es um nicht weniger geht als um den Rest meines Lebens. Aber ich ahne schon: Alle um mich herum werden erwarten, dass ich trotzdem voll präsent bin, weil sie gar nichts wissen von unseren Auseinandersetzungen. Oder weil sie es vergessen beziehungsweise nach dem Motto »Schwamm drüber« so tun, als wäre nichts weiter. Das befürchte ich vor allem bei Jens. Und mir graut davor, ihm dauernd in Erinnerung rufen zu müssen, dass ich gerade seelisch im Ungleichgewicht bin. Wenn ich an den schrecklichen neuen Standarddialog »Alles gut? – »Ja, alles gut!« denke, stellen sich mir sämtliche Nackenhaare auf. »Alles gut?« heißt ja übersetzt nichts anderes als: »Falls du Probleme hast, lass mich bloß damit in Frieden!« Dagegen permanent anzuarbeiten wird anstrengend, und es wird mich nicht unbedingt beliebter machen.

Ich schüttle mich und schiele nach rechts. Simone ist ebenfalls tief in Gedanken versunken. Normalerweise sieht sie es als ihre Beifahrerinnen-Aufgabe, mich zu unterhalten. Sie gehört zum Glück nämlich nicht zu denen, die einfach den Kopf zurücklegen und selig wegschlummern, während ich am Steuer wach und konzentriert bleiben muss. Außerdem hätte sie normalerweise gespürt, dass ich über etwas grüble, und sich erkundigt. Aus Empathie und aus Neugier. Na gut, dann diesmal eben andersrum. »Worüber denkst du nach?«, frage ich sie und sie schreckt hoch, so als komme sie aus einem Schlummer. Sie reibt sie sich die Augen, streckt sich, soweit es in meinem Kleinwagen geht, und antwortet dann: »Über Maja natürlich. Darüber, wie kompliziert das mit dem Frausein und der Emanzipation immer noch ist, vor allem für Mütter. Ich frage mich, ob ich manchmal ungerecht bin zu ihr. Und ...« sie zögert und schaut kurz in meine Richtung »... darüber, ob Kinder zu haben etwas Gutes oder eine Last ist. Natürlich beides, ich weiß«, nimmt sie die naheliegende Antwort gleich vorweg.

Ich staune. Über das Thema Kinder hat sie noch nie von sich aus gesprochen. »Redest du ... nur so allgemein? Oder ... von dir? Ob *du* Kinder willst?« Simone kratzt sich am Kopf. »Weiß nicht«, sagt sie leise. Womit sie natürlich »Ja« meint. Ich bin verblüfft. »Ich dachte, für dich sei schon immer klar, dass das für dich niemals infrage kommt, das Breikochen und Windelwechseln und Nicht-mehr-Durchschlafen.« Simone klingt plötzlich ganz weich, als sie leise sagt: »Meinst du, ich finde Kinder nicht toll? Ich mag die Zwerge total. Und ich hab neulich eine Frau kennengelernt, die ein total süßes Baby hat und Single ist. Und auch bi. Und die noch viel süßer ist als ihr Baby.« In der Dunkelheit der Landstraße kann ich nicht erkennen, ob sie jetzt rot geworden ist, vermute es aber stark. »Du überlegst, ob ihr zusammenkommen könntet? Und ob das Baby ein Hindernis für dich wäre?« Simone nickt. Ich nehme ihre Hand und drücke sie kurz. »Dann haben wir ja dasselbe Thema im Moment. Jens und ich sind ja auch gerade bei dieser Frage.« – »Jens ist ein ... Idiot!« Das letzte Wort stößt Simone sehr heftig hervor, weil sie nicht Jens meint, sondern den Irren, der uns gerade mit ungefähr 160 und kurz vor einer Kurve überholt hat. »Männer unter 35 sollten nur in gedrosselten Autos fahren dürfen!«, schimpft sie. Ich grinse. »Also in so was wie dem hier?« Dann frage ich: »Aber was wolltest du gerade über Jens sagen, außer ›Idiot‹?« Simone lacht: »Dass er sicher ein toller Vater wäre. Aber dass das mit der fairen Aufteilung der Aufgaben bei euch höchstwahrscheinlich kein Selbstläufer wäre. Zumal ich zähneknirschend zugeben muss, dass ausgerechnet seine Mutter ihn offenbar darin bestärkt, das meiste auf dich abzuladen. Wie willst du jetzt eigentlich weiterkommen in deinen Überlegungen?« Ich erzähle ihr kurz von dem, was mir durch den Kopf ging, während wir beide geschwiegen haben. »Ich weiß gar nicht, wo ich den Raum hernehmen soll, um in Ruhe nachzudenken und mir darüber klar zu werden, was ich eigentlich will. Klar, die Gespräche mit dir helfen mir da immer sehr und Maja wird künftig auch auf einem anderen Level als bisher reflektieren und mir beim Nachdenken helfen. Das ist das einzige Gute an ihrem Zusammenbruch: Sie hat jetzt gelernt, auf eine andere Art auf sich selbst zu gucken. Aber nach unseren Treffen greift dann immer sofort der Alltag nach mir. Der *Mental Overload*, wie du das nennst. Da krieg ich gedanklich nichts geregelt in Sachen eigene Zukunft.«

Simone fängt plötzlich an zu kichern. »Du erzählst doch manchmal, wie hilflos Jens oft vor dem Kühlschrank steht und die Butter oder die neue Milch sucht, weil sie ein Fach höher liegt als sonst oder diesmal blau statt golden verpackt ist. Er sieht nicht, was direkt vor ihm liegt. Genau so kommst du mir auch gerade vor.« Ich mache nur »Hä?« und gucke dabei vermutlich genauso ratlos wie Jens in den Kühlschrank. »Was meinst du?« – »Na, du grübelst doch die ganze Zeit, wie du es hinbekommst, mal in Ruhe über deine Lebensplanung nachzudenken und sie zu besprechen, ohne vom Alltag und den ganzen Erwartungen, Zwängen und ›Du-Mussts‹, die uns umgeben, aufgefressen zu werden, oder?« – »Jaaaa … und? Sorry, aber ich stehe weiter auf dem Schlauch.« – »Du hast eben selbst gesagt, wie Maja sich verändert hat durch die Therapie. Hast du nie für dich an so was gedacht?« Ich reagiere so heftig, wie es das anstrengende Fahren erlaubt; es hat inzwischen nämlich auch noch angefangen zu regnen und die Sicht ist schlecht. Die Scheinwerfer der entgegenkommenden Autos spiegeln sich unangenehm auf dem nassen Asphalt. »Ich soll in so eine Klinik?! Meinst du das ernst? Ich bin doch nicht krank! Oder bekloppt!« Simone schüttelt sanft den Kopf. »Nicht Klinik, natürlich. ›Therapie‹ heißt das Stichwort. Professionelle Begleitung beim Nachdenken und Entscheiden. Hat mir schon mehrfach gut geholfen.« Mir schwirrt der Kopf. Therapie – das war für mich immer etwas für arme Seelen, nicht für mich, die ihr Leben gut organisiert und im Griff hat. Aber wenn sogar Simone … »Meinst du echt, so was ist für Leute wie mich gedacht?« Simone antwortet nicht direkt, sondern fragt: »Du bist doch körperlich gesund, orthopädisch zum Beispiel, und vom Herz-Kreislauf-System her, oder?« – »Ich weiß zwar nicht, was das mit unserem Thema zu tun hat, aber: Ja, soweit ich weiß, bin ich gesund.« – »Aber trotzdem machst du Yoga und gehst ins Fitness und machst zu Hause jeden Morgen Gymnastik. Wieso? Ist das nicht nur für Kranke?« Da ich verstehe, worauf sie hinauswill, verkneife ich mir die typische Abwehr-Antwort: »Aber das ist doch was ganz anderes.« Stattdessen frage ich: »Was genau hat dir so geholfen, dass du mir eine Therapie empfiehlst?« Simone antwortet wie aus der Pistole geschossen: »Der Schutzraum.« Ich warte einfach ab, bis sie weiterredet und das näher erklärt. »Eine Therapie ist ein Schutzraum, und zwar im doppelten Sinne. Erstens ist sie ein Raum, in dem du mit deiner Therapeutin – nimm bloß keinen Mann, dann bin ich sauer! – alles besprechen kannst, ohne dass irgendjemand davon erfährt. Ängste. Wünsche.

Sehnsüchte. Fantasien. Düstere Gedanken und dumme. Alles. Das tut sehr gut, um den Kopf freizukriegen und irgendwann zu einer guten Lösung zu kommen.« Ich hake ein. »Irgendwann? Heißt das, ich sitze da jahrelang und kreise um mich selbst? Vergiss es!« Simone schüttelt den Kopf. »Quatsch. Eine Gesprächstherapie zur Unterstützung ist doch keine Psychoanalyse. So was sollte längstens in einem halben Jahr durch sein, sonst taugt die Therapeutin nichts.« – »Oder der Therapeut«, stichele ich. »Aber wie meintest du das mit dem Schutzraum noch? Inwiefern im doppelten Sinne?« – »Kann ich dir sagen. Zur Therapie zu gehen ist ja kein Makel mehr, den man möglichst verheimlicht, sondern eine weithin akzeptierte, vernünftige Gesundheitsmaßnahme. Wenn du sagst, ›Ich muss heute früher los, ich hab Therapie‹, wird das eher ernst genommen, als wenn du sagst, ›Ich bin ab jetzt für ein halbes Jahr donnerstags nachmittags nicht so gut drauf und gehe dann deshalb immer früher.‹ Therapie ist ein echter Termin, da sagt niemand: ›Ach, muss das wirklich sein? Gerade heute, wo die Bestellungen raus müssen?‹ Wenn du dir ein Bein brichst und mit einer Orthese arbeitest, sagt ja auch niemand was, wenn du zur Krankengymnastik musst. Ein Therapietermin schützt dich vor zu hohen Anforderungen in dieser Zeit. Er signalisiert, dass du für eine bestimmte Zeit nicht so funktionierst wie vorher – also bis zur Erschöpfung. Das meinte ich mit Schutz.«

Wenn ich an manche meiner Kollegen und Vorgesetzten denke, bin ich zwar etwas skeptisch, was das selbstverständliche Akzeptieren angeht, aber das ändert nichts daran, dass Simone mich auf einen Gedanken gebracht hat, den ich bisher nicht zugelassen habe: Wieso soll ich mir beim Abwägen der Kind-Karriere-Frage nicht helfen lassen von jemandem, dessen (ja, ist ja gut, Simone: *deren*) Beruf das ist? Morgen fange ich an zu suchen. Und dann steht der Job eben mal auf Platz zwei. Und Kochenputzeneinkaufen auf Platz drei. Oder sieben. Gespannt bin ich nur, was Jens zu meinem Plan sagen wird. Ich denke, es wird ihm noch mal vor Augen führen, dass wir nicht einfach nur einen Streit oder ein Missverständnis hatten, sondern dass wir gerade am Eingemachten zugange sind. Simone hat schon recht mit ihrer Akzeptanz-These, das wird mir immer klarer. Und dann stelle ich den Scheibenwischer auf die schnellste Stufe. Freie Sicht voraus!

KNACK DAS MUSS

Eine Krise ist oft ein Zeichen, dass vorher nicht alles richtig lief in deinem Leben. Deshalb ist es wichtig, dass du dir nicht nur akut Hilfe holst, sondern die Zeit nach der (stationären) Behandlung genauso wichtig nimmst wie diese selbst. Der Glaube, du müsstest möglichst schnell wieder funktionieren wie gehabt, ist da Gift. Nimm danach therapeutische Unterstützung in Anspruch, wenn dir das hilft (und wenn du einen Platz bekommst.) Mit welcher Hilfe auch immer: Mach dir klar, was anders werden soll und muss – am besten schreibst du es auf. Und auch, wie die Änderung organisiert und dauerhaft sichergestellt werden soll. Lass dich von deinem Smartphone daran erinnern, dir diese Notizen am Anfang mindestens einmal pro Woche durchzulesen, um zu sehen, ob es vorangeht. Zum Beispiel mit der neuen Arbeitsteilung im Haushalt und mit den Dingen, die du nur für dich tust. Die gehst du als Erstes an, nicht erst, wenn alles andere getan ist. Sonst wird das nämlich nie was. Also: Zuerst einen Yoga-Kurs finden und buchen – und dann erst die Wäsche abnehmen und wegräumen. Nur so als Beispiel.

»HILFST DU MIR MAL SCHNELL IN DER KÜCHE?«

ICH MUSS ... MEINEN KINDERN IHRE AUFGABEN IM LEBEN VERMITTELN

»Endlich wieder!« Ich falle Maja jubelnd um den Hals. Sie ist seit drei Wochen zurück aus der Reha und hatte jetzt wieder Lust auf ein Frauenfrühstück. Allerdings hat sie uns gebeten, etwas mitzubringen – »Kann auch gerne gekauftes Zeugs sein. Auf Küche hab ich noch keinen Bock«, hat sie geschrieben. Gefiel mir gut.

Mir fällt dasselbe auf wie beim Besuch in der Rehaklinik: Maja sieht einerseits nicht mehr so fertig aus wie vor dem Burn-out, andererseits aber auch etwas strenger und härter als früher. Sie bemerkt meinen prüfenden Blick und fragt: »Fällt es sehr auf, dass ich nicht so geschminkt bin wie früher?« Ach, klar, das ist es! Außer einem dezenten Lidstrich und ein wenig Wimperntusche hat ihr Gesicht sein natürliches Aussehen. »An den Tagen, an denen ich nur hier bin oder mit den Kindern unterwegs oder in der Praxis, mach ich mir den Stress nicht mehr. Früher hab ich es echt übertrieben mit meinem Outfit. Ich dachte, eine richtige Frau müsse das tun. ›Die hält auf sich‹ hat meine Oma immer gesagt, wenn sie fand, dass eine Frau ausreichend gepflegt rumlief. Natürlich will ich mich nicht total gehen lassen, aber warum soll ich mir mehr Umstände machen als mein Chef?«

»Wirst du eigentlich wieder arbeiten?«, fragt Simone. Sie wird immer schnell zappelig, wenn es um Themen wie Kosmetik und so was geht. Also das, wozu wir nicht »Frauenthemen«

sagen dürfen. Maja nickt. »Ab nächste Woche. Erst mal nur zwei Vormittage, aber ich will es ausweiten auf mindestens zwanzig Stunden. Dirk macht ja jetzt weniger, da sollte ein bisschen mehr Geld von mir reinkommen. Und ich bin neuerdings gerne außer Haus.«

»Und wie läuft es hier zu Hause mit der Arbeitsteilung?« Ich frage natürlich auch aus Eigeninteresse. Jens und ich sind noch nicht zu einer Entscheidung in Sachen Karriere, Kinder und Kümmern gekommen. »Komisch, dass du das die Frau fragst. Als wäre ich dafür zuständig. Aber egal. Ganz gut läuft es, finde ich.« Maja wirkt ganz gelassen und gar nicht mehr so besorgt um die Kinder oder um die Anerkennung ihrer hausfraulichen Kompetenzen. Der Heulanfall in der Rehaklinik hatte wohl mit der räumlichen Entfernung zu tun – und mit ihrer wackligen Seele, die den Burn-out und die Therapie verarbeiten musste. Oder das Kurschatten-Affärchen. »Dirk macht manches sehr selbstverständlich und auch gut. Na ja ... ausreichend gut. Aber ich habe verstanden, dass ›ausreichend‹ in der Schule zwar eine ziemlich schlechte Bewertung ist, aber im Alltag genau das ist, was das Wort sagt: Es reicht aus.« Ich bin neugierig: »Zum Beispiel?« – »Ach, also, früher hätte ich ein schlechtes Gefühl dabei gehabt, Lennart in einem T-Shirt zum Kicken rauszuschicken, das nicht ordentlich zusammengelegt war und einen Knick quer über den Bauch hat. Da hatte ich echt 'ne kleine Meise. Aber er bringt es ja sowieso total verschwitzt, zerknittert und dreckig wieder mit nach Hause, also was soll's? Um die Wäsche kümmert sich jetzt meistens Dirk. Nur meine schönen Teile häng ich dann doch lieber selbst auf. Aber bei den meisten Dingen hab ich mich jetzt auch verabschiedet vom Ziel der perfekten Hausfrau und Mutter. Ausreichend reicht aus. Okay ist gut genug.«

»Helfen die Kinder denn auch mit im Haushalt?« Maja nickt zögerlich, als Simone die Frage stellt. »Ja, schooon«, sagt sie gedehnt. »Wir haben mit ihnen gesprochen und versucht, die neue Situation zu erklären. Dirk hatte sie ja auch schon mit herangezogen, weil es gar nicht anders ging. Kleine Sachen eben, wie Tisch decken, mal was auffegen, Gemüse schnippeln und so was. Aber wisst ihr, was komisch ist? Toni mit ihren sieben Jahren hilft selbstverständlicher mit als Lennart mit seinen neun. Sie hat auch einen besseren Blick, speziell für alles, was mit Putzen und mit Wäsche zu tun hat. Sie wischt zum Beispiel von selbst den vollgekrümelten Tisch ab, wenn sie das Abendessen abgeräumt hat. Würde Lennart nie drauf kommen. Der hat eindeutig keine Lust auf so was und bequemt sich erst nach der fünften Ermahnung, mal die Spülmaschine auszuräumen. Ich frage mich, woran das liegt. Was meint ihr? Am Alter? An der Persönlichkeit? Ist es Veranlagung? Oder doch die Erziehung? Aber wir haben niemals so was gesagt wie ›Das ist keine Aufgabe für Jungs‹ oder so. Auch Dirk nicht.« Simone zappelt schon eine Weile auf ihrem Stuhl herum. »Gesagt vielleicht nicht, aber vorgelebt. Was Frauen traditionellerweise machen und was Männer, haben sie doch bei euch jeden Tag gesehen.« Ich spüre, dass Maja ein wenig zurückweicht. Verstehe ich. Direkte Kritik ist auch für die neue Maja nicht leicht zu verdauen – wie für die allermeisten Menschen nicht. Leider und zum Glück weiß ich Abhilfe, denn ich kann von einem schmerzlichen Beispiel aus der eigenen Verwandtschaft erzählen. Das wird es Maja vielleicht leichter machen, über bestimmte Dinge nachzudenken. Ich fange aber mit einer lustigen Anekdote an: »Kinder orientieren sich früh an dem, was sie sehen, und passen ihre Wahrnehmung dann gnadenlos diesem Muster an. Dafür hab ich ein irres Beispiel auf Lager. Als ich mein Praktikumssemester in Italien hatte, hat mich ein Freund besucht mit seiner Tochter, Lilly; die war damals acht. Ich wohnte in einer gemischten WG, und am Nachmittag sind wir in einer größeren Gruppe an den Strand gegangen, wo wir alle zusammen Ball gespielt haben – die Männer, die Frauen und Lilly. Danach sind wir am Strand langgegangen und haben alle zusammen Muscheln gesammelt – die Männer, die Frauen und Lilly. Abends saßen wir in einer Pizzeria und Lilly hat eine Karte an ihre Mutter geschrieben. Der Text lautete: ›Heute waren wir am Strand. Papa hat mit den anderen Männern gekickt und ich habe mit Anne Muscheln gesucht.‹ Wir haben uns alle entgeistert angeschaut. Sie hatte den Nachmittag mit der Rollenaufteilung wahrgenommen, die ihrer Meinung nach richtig war. Dagegen hatte die Wirklichkeit keine Chance.« Simone und Maja haben gespannt zugehört und schütteln jetzt lachend die Köpfe. Mit ernsterem Gesicht und einem kleinen Kloß im Hals spreche ich weiter: »Was so eine Rollenprägung anrichtet, kann ich gerade in meiner eigenen Familie studieren. Die Frau meines Bruders Moritz ist vor zwei Wochen ganz plötzlich ausgefallen. Brustkrebs, leider schon recht weit fortgeschritten. Die OP war schon, jetzt folgen Chemo, Bestrahlung, Reha. Das wird Wochen dauern, oder Monate. Und Moritz ist komplett hilflos. Wenn meine Eltern nicht in der Nähe wohnten, wüsste er nicht, was er tun sollte. Sie haben zwei kleine Kinder und meine Mutter schmeißt da jetzt den gesamten Haushalt. Ihren Urlaub haben sie und mein Vater kurzerhand gecancelt. Ich frage mich, ob sie das auch für mich tun würden? Und ob es überhaupt nötig wäre? Ich denke, alle würden annehmen und erwarten, dass ich als Frau schon klarkommen werde für ein paar Wochen, mit Job und Kindern und Haushalt. Mein Bruder beißt sich jedenfalls nicht durch wie dein Dirk, sondern verlässt sich ganz selbstverständlich auf unsere Mutter. Total irre, oder?« In Simone brodelt es schon wieder: »Und wieso lässt deine Mutter sich das gefallen? Müsste sie ja nicht machen.« Ich zucke die Achseln. »Also, in erster Linie geht es ihr um die Enkelchen. Denen kann man ja schlecht sagen, ›Seht doch zu, wie ihr an Frühstück und saubere Sachen kommt.‹ Die sind zwei und vier Jahre alt.« Simone versteht sofort und nickt etwas betreten wegen ihrer Frage. Aber ich habe auch noch was für sie zum Aufregen: »Meine Mutter gibt sich übrigens selbst einen

Teil der Schuld daran, dass Moritz so hilflos ist.« Wie erwartet, reißt Simone die Augen weit auf. Bevor sie losschimpfen kann, rede ich weiter: »Ihr wisst ja, dass mein Verhältnis zu ihr nicht das beste ist, aber diese Familienkrise bei Moritz bringt uns natürlich trotzdem miteinander ins Gespräch. Vor ein paar Tagen sagte sie mir am Telefon, dass sie jetzt ihre Erziehungsfehler einsieht. Sie hätte meine beiden Brüder viel mehr zu Hausarbeiten heranziehen müssen. Aber sie hat mich als die Älteste unbewusst wohl immer noch so gesehen, wie sie selbst von ihrer Mutter gesehen wurde: als künftige Hausfrau – und die Jungs als spätere Karrieremänner, die eine Hausfrau heiraten werden. Natürlich hätte sie es so nie gesagt, aber es gab so einen Automatismus, wenn etwas im Haushalt anlag. Dann hat sie mich dazugeholt und nicht die Jungs. Jetzt sieht sie, was sie da versäumt hat bei Moritz. Der weiß echt nicht, wie man eine Waschmaschine anstellt und was man da zusammen reintut – und vor allem, was nicht. Mit dreiunddreißig! Unfassbar, oder? In den heutigen Zeiten!«

Maja hat sehr aufmerksam zugehört. »Und dein Vater? Wie hat er eure Rollen geprägt?« Ich mache eine wegwerfende Handbewegung. »Der war doch nie da. Er hat das gesamte Thema Kinder meiner Mutter überlassen. Aber immerhin hat er es geduldet, dass ich mit in den Hobbykeller kam, wenn er da werkelte. Ich glaube, er hat sich sogar gefreut, dass ich Interesse und Talent hatte, und zwar mehr als meine Brüder. Die haben eher zwei linke Hände, was das angeht. Aber auf die Idee, sie zum Haushaltskram zu motivieren, ist auch er nicht gekommen. Na, jedenfalls ist es schön und bitter zugleich, jetzt von meiner Mutter zu hören, dass sie bereut, uns, ohne groß darüber nachzudenken, viel zu sehr auf traditionelle Geschlechterrollen festgelegt zu haben. Obwohl sie die theoretisch längst hinterfragt hat damals. Ist wohl kein Wunder, dass ich so hadere mit der Entscheidung, ob ich ein Leben mit Kindern will, und, falls ja, wie das laufen soll, oder?«

Maja fragt neugierig: »Nimmst du es deiner Mutter übel, das mit den Rollen?« Ich zögere. »Das nicht so sehr. Nicht am meisten.« Simone hakt direkt nach: »Ist da noch was anderes?« Ich nicke. »Ich hatte ja jetzt die ersten beiden Termine mit meiner Therapeutin.« Ich habe mir eine gesucht, die ich privat bezahle – auf einen Termin für Kassenpatientinnen zu warten wäre sinnlos gewesen. Jens und ich müssen *jetzt* zu Potte kommen, und dafür muss ich mir *jetzt* Klarheit darüber verschaffen, was ich will. Kostet dann eben Geld. Mir ist klar, dass ich privilegiert bin, weil ich mir das leisten kann. »Habe ich übrigens euch beiden zu verdanken, dass ich mir diese Unterstützung geholt habe. Wisst ihr ja selbst. Also: Danke, ihr Schätze! Ja, und als ich in der ersten Sitzung was von mir erzählen sollte, hab ich unter anderem gesagt, dass ich für meine Mutter lange die beste Freundin war und umgekehrt. Ganz arglos hab ich das erzählt – man hört den Satz ja gar nicht so selten von Müttern oder Töchtern, nicht? Ich hab gleich gemerkt, wie meine Therapeutin die Augenbrauen hochgezogen hat. Da hab ich natürlich nachgefragt, ob sie darin ein Problem sieht. Sie hat sich sehr diplomatisch ausgedrückt, weil sie ja eigentlich nichts bewerten soll, aber sie hat schon erzählt, dass sie es nicht selten mit Frauen zu tun hat, für die diese »Beste-Freundin«-Vereinnahmung durch die Mutter eine Überforderung war. Eine Zwangsumarmung, die die Töchter manchmal um die Pubertät bringt, weil es die notwendige Ablösung von der Mutter erschwert, wenn die Beziehung plötzlich mit Freundschaftstreue und Angst vor Verrat aufgeladen wird. Sie meinte, manche ihrer Kolleginnen und Kollegen sprächen da von ›emotionalem Missbrauch‹. Ein starker Begriff, oder? Der geht mir natürlich heftig nach seitdem. Aber ich denke, dass meine Mutter mich wirklich viel zu früh wie eine Erwachsene behandelt hat. Sie hat mich offenbar als Verbündete gesehen gegen meinen Vater und meine beiden Brüder und mich als Kummerkasten benutzt. Ich wusste schon mit dreizehn viele intime Sachen über meine Eltern. Damals war ich mordsstolz, dass sie schon mit mir sprach, als wäre ich erwachsen, aber heute weiß ich, dass das nicht gesund war. Zu viel für mich. Nach dem Gespräch mit der Therapeutin hab ich erst mal einen Abend lang geheult. So, jetzt wisst ihr, warum ich manchmal so … kompliziert bin.« Simone drückt meinen Unterarm und sagt trocken: »Lieber 'ne komplizierte Frau als einen einfachen Mann. Aber bild dir mal nix ein: Echte Kompliziertheit ist anders. Du bist doch herrlich normal.« Während ich noch grüble, ob das ein Kompliment ist, atmet Maja tief ein und sagt dann mit großem Ernst: »Anne, das war gut, dass du das erzählt hast. Danke dafür! Ich glaube, das hat mich rechtzeitig zum Nachdenken gebracht, was meine beiden Kinder angeht. Ich hab mich schon öfters beim Träumen von der ›Frauenfreundschaft‹ zwischen Antonie und mir erwischt. Ich kenn das ja auch von meiner Mutter und von manchen ihrer Freundinnen. Jetzt habe ich verstanden, dass das kein guter Traum ist. Und Lennart wird ab heute genauso zum Helfen rangezogen wie Antonie. Und wenn er sich auf den Kopf stellt.« Simone und ich nicken im Takt und sind beide beeindruckt. Die alte Maja wäre jetzt verunsichert gewesen und hätte sich angegriffen gefühlt. Die neue hört zu, reflektiert und zieht ihre Schlüsse. Ich beende das Thema mit einem praktischen Tipp: »In einer Familie, die ich kenne, haben die Eltern irgendwann beide voll gearbeitet. Da mussten die drei Kinder echt richtig ran. Es gab einen Pflichtenplan am Kühlschrank. Aber weil nicht alle Aufgaben gleich beliebt oder unbeliebt sind, war das ein rollierender Plan. Die Magnete mit den drei Namen wechselten jede Woche ihren Platz, und die Spalten darunter haben sie mit den Kindern ausgehandelt. So war jeder mal mit dem Staubsaugen, dem Müllentsorgen und dem Geschirrspüler-Ausräumen dran. Das wurde akzeptiert. Eine Unterscheidung zwischen Jungs- und Mädchenarbeiten gab es natürlich nicht.«

»Hört sich gut an«, sagt Maja. »Morgen hängt der Plan am Kühlschrank.«

KNACK DAS MUSS

Kindern Fähigkeiten und Wissen mitzugeben ist gut. Du darfst dich dabei auch über ihre typische Lustlosigkeit hinwegsetzen, schließlich ist nicht jedes Muss gleich ein Zeichen von Unterdrückung. Manche lästigen Dinge sind nun mal nötig. Es hilft, innerlich die Einstellung zu vermitteln: »Ich will jetzt, was ich muss.« Dann ist man weniger unglücklich. Aber die Aufgaben sollten gerecht und geschlechtsneutral verteilt werden – und das sollte von beiden Eltern vorgelebt werden. Alle Kinder sollen erleben und lernen, wie frau und mann einen Haushalt in Schuss hält und wie frau und mann Kinder großzieht.

Und: Kinder sind Kinder, und erwachsene Freunde sind erwachsene Freunde. Achte darauf, das nicht zu vermischen.

DIE LÄCHELMASKE
ICH MUSS ... GLÜCKLICH UND DANKBAR SEIN

»Das war fast schon komisch.« Eigentlich will ich Simone eine empörende Geschichte von meiner Arbeit erzählen, aber sie ist so absurd, dass ich jetzt mal kurz lachen muss. Wir sitzen zu zweit in Simones eher ungemütlichem Büro. Ehemals weiße, abgestoßene Metallmöbel, angegraute Wände, weder Pflanze noch Bild. Keine positive Atmosphäre – aber vielleicht gerade deshalb umso ehrlicher? Ich war in der Nähe und wollte meinen Frust möglichst schnell irgendwo loswerden. Mein strahlendes Lächeln an der Rezeption, als ich darum bat, Frau Inzler kurz anzurufen, weil ich da sei, kam mir so falsch vor. Aber was konnte die arme Frau dort dafür, dass ich innerlich kochte?

»Was war denn eigentlich los?«, fragt Simone. Und fügt gleich an: »Ich hab fünfzehn Minuten für dich, mehr leider nicht. Es passt einfach gerade nicht besonders gut.« Direkt und schnörkellos. Das möchte ich auch können. Und genau das ist mein Thema. »Unser oberster Chef, Herr Schubert. Er hat mich heute Morgen dermaßen fies behandelt. Mir Fehler vorgeworfen, die eine andere Abteilung gemacht hat. Mich angepampt, weil ich ein Papier noch nicht fertig habe, dessen Deadline erst nächste Woche ist. Mich zurechtgewiesen, als ich das gesagt habe. Und das alles auf dem Flur, zwischen Tür und Angel. Ich war ein Zufallsopfer. Er war offensichtlich schlecht drauf und hat das hemmungslos an mir ausgelassen. Und dann erwartet, dass ich das mit einem souveränen Lächeln schlucke. Was ich natürlich auch getan habe. Statt ihn anzuschreien oder was durch die Gegend zu schmeißen. Immer so schön positiv, die Anne«, knurre ich sarkastisch.

»So weit, so bekannt«, sagt Simone ziemlich ungerührt. »Aber lief heute etwas anders als sonst? Muss ja einen Grund haben, dass du mir hier meine Zeit stiehlst.« – »Siehst du?«, sage ich. »Genau so möchte ich auch sein können. Schnippisch. Genervt. Aber ich krieg's nicht hin. Ich bin immer schön leise. Mich halten immer alle für glücklich und ausgeglichen.« Simone stöhnt leise, schaut demonstrativ auf ihr Smartphone und macht die Vorspulgeste. »Okay, okay. Ich wollte die Sache diesmal nicht auf sich beruhen lassen und bin zu unserer Personalchefin, Frau Dittberner. Ich habe gefragt, was ich in solchen Fällen eigentlich tun solle. Oder dürfe. Oder müsse. Wenn ein Vorgesetzter jede Zurückhaltung sausen lässt und sich nicht mehr unter Kontrolle hat. Und mich so zur Weißglut bringt, dass ich auch ausrasten möchte. Weißt du, was sie gesagt hat?« Simone schaut zum ersten Mal interessiert. »Sie sagte mit so einem falschen Strahlen: ›Einfach weglächeln, Anne. Genau so, wie Sie es gemacht haben. Nehmen Sie es als interessante Herausforderung. Beißen Sie auf die Zähne und entwaffnen Sie ihn durch Freundlichkeit. In Gegenwart anderer niemals ausrasten. Immer positiv bleiben. Ausrasten ist nicht akzeptabel bei uns. Was meinen Sie, wie ich in diese Position gekommen bin? Sicher nicht durch Aufbegehren. Eine positive Ausstrahlung gehört doch auch zu den Waffen einer Frau.‹ Dann hat sie mich so komisch komplizinnenhaft angesehen und ganz selbstzufrieden an sich runtergeschaut – sie sieht immer aus wie aus dem Ei gepellt und ist so furchtbar kontrolliert-korrekt. Schrecklich! Ich habe sie gefragt, ob das wirklich immer der richtige Weg ist und wie Herr Schubert dann jemals erfahren soll, dass er sich besser unter Kontrolle haben muss. Und wohin ich mit meiner Wut soll. Da meinte sie, Herrn Dr. Schuberts Seelenheil sei nicht mein Thema. Und was mich betreffe: Es gebe doch Angebote der Firma für solche kleinen Unausgeglichenheiten. Mit diesen Worten hat sie mir so eine Broschüre hingeschoben, mit den Terminen fürs Yoga und den wöchentlichen Achtsamkeitskurs. Und in dem Moment ging es los.« Jetzt habe ich Simones Interesse merklich geweckt; sie schaut mich gespannt an. »Was? Bist du doch ausgetickt? Bei ihr im Büro? Hast du diesmal *ihren* Locher geschmissen?« Ich winke ab. »Tss! Ich doch nicht. Aber Schubert. Dessen Büro ist drei Türen weiter – und plötzlich hörte man ihn brüllen. Ich weiß nicht, welche arme Socke gerade bei ihm saß. Er steigerte sich immer weiter rein und wurde immer lauter. Irgendwann hörte man eine Tür knallen und dann irgendwas Schweres poltern. Ein Möbelstück wohl. Wirklich erschreckend. Aber noch erschreckender war die Dittberner. Einen Moment lang konnte ich in ihrem Gesicht totale Panik lesen. Die hat offenbar mörderische Angst vor Schubert und seiner unkontrollierten Wut, so wie andere vor dem Monster unterm Bett. Aber das war nur eine Sekunde. Danach hatte sie sich sofort wieder unter Kontrolle. Sie setzte wieder ihre Lächelmaske auf und fragte ganz geschäftsmäßig: ›Sind wir soweit durch, Anne? Konnten wir das klären?‹ Aber hinter der Lächelmaske steckte der Horror vor der nächsten Begegnung mit Schubert, das konnte ich sehen. Ist das nicht erschreckend? Geholfen hat sie mir jedenfalls kein Stück. Ich meine ... Yoga und Achtsamkeit, wenn frau einfach nur schreien und mit Sachen schmeißen will!« Simone nickt. »Eine klassische Vertreterin der *Toxic Positivity*.« – »Der was?« – *»Toxic Positivity*. Noch nie gehört? Der Zwang zum positiven Denken und zum Positiv-Sein. Das krampfhafte Wegschieben negativer Erlebnisse und Emotionen. Das Verdrängen und Verleugnen der eigenen Gefühle. Das Meiden soziale Kontakte, wenn man nicht supergut drauf ist. Die Vorstellung, man sei nicht okay, wenn man mal nicht euphorisch ist. Das setzt auf Dauer jeden Menschen unter Stress. Den man aber nicht zeigen darf. Vor allem Frauen nicht. Also zusammengefasst: *Toxic Positivity*, ein Übermaß positiven Denkens, ist die perfekte Anleitung zum Unglücklichsein. Bitte versprich mir, dass du diesen Achtsamkeitskurs nicht mitmachst. Jedenfalls nicht als Ersatz dafür, ehrlicher mit deinen KollegInnen und Vorgesetzten zu sein, was deinen Gefühlszustand angeht.« Simone deutet ein Aufstehen von ihrem hässlichen, aber immerhin ergonomischen Schreibtischsessel an und grinst. »Sitzung beendet. Für heute berechne ich Ihnen mal nichts.« Ich stehe auf. »Na ja, ein Mittagessen hast du schon gut bei mir jetzt. Nächste Woche mal?« Simone studiert ihren Schreibtischkalender aus Papier – in manchem ist sie herrlich altmodisch. »Gerne. Mittwoch um eins?« Ich zücke mein Smartphone und trage den Termin ein. »Gekauft.« Und füge dann frech hinzu: »Dass ich jetzt besser drauf bin als vor einer Viertelstunde, ist aber nicht toxisch, oder? Im Ernst: Danke für dein Ohr und deinen Rat! Wir sehen uns nächste Woche.« Simone antwortet: »Aber bitte gut gelaunt wie immer. Egal, wie es dir geht.« Wie sehr ich ihren Humor liebe, merke ich auch, als ich durch ihre Bürotür gehe. Erst jetzt sehe ich die beiden Postkarten – eine innen, eine außen. Innen steht: »Ich hab heute richtig Bock, 'ne Zicke zu sein.« Und außen: »Nett ist heute aus. Vielleicht morgen wieder.« Ich grüble kurz: Ist das jetzt modernes Frauenbewusstsein oder das gute alte Behörden-Gemuffel? Das kriege ich heute nicht mehr raus. Aber es zaubert mir ein Lächeln aufs Gesicht. Eines, das nicht toxisch-positiv ist, sondern echt.

KNACK DAS MUSS

Probleme weglächeln, statt sie anzusprechen, macht unglücklich und krank. Steh für dich ein, wenn dir jemand blöd kommt. Lass es raus! Du musst nicht immer positiv und fröhlich wirken. Natürlich sollst du nicht unkontrolliert jeder Laune nachgeben; das gehört zum Erwachsensein. Aber wenn du wütend bist oder empört, dann darfst du das zeigen und sagen. Du stellst dich damit nicht außerhalb der sozialen Gemeinschaft. Es geht ja vielen so. Niemand ist immer nur dankbar-fröhlich-glücklich und sieht alles rosarot. Und bei niemandem ist immer »Alles gut«. Wenn etwas Blödes passiert, ist es blöde und keine »tolle Herausforderung«. Für deine eigene Gesundheit ist es wichtig, dass du dich von der »toxischen Positivität« befreist. Es ist schön, wenn du viel lächelst – aber nur, wenn es echt ist. Sonst ist es ein krampfiger Fake – den die meisten Menschen übrigens schnell durchschauen. Und ablehnen.

ICH DARF ...
ICH SELBST SEIN

»Boah, sieht das toll aus!« Simone äußert sich ja selten zu Outfit-Themen, aber Majas radikalen Kurzhaarschnitt findet sie so gut, dass sie sich kaum noch einkriegt. Wir treffen uns heute im Café, zu einem opulenten Brunch, denn wir feiern zwei Jahre Freundinnenfrühstücke. Maja freut sich über das Kompliment, aber auf eine andere Art als früher. Ohne rote Bäckchen. Cooler. Auch ein bisschen skeptischer. Und dann legt sie sofort los mit Erzählen: »Gestern Abend hatten wir eine heftige Diskussion, Dirk und ich. Anstrengend, aber auch reinigend.« – »Worum ging's?«, will ich wissen. »Das Übliche«, seufzt sie. »Arbeitsteilung. Ganz allmählich drohten wir wieder in alte Muster zu rutschen. Er hat immer mehr stillschweigend mir überlassen. Es einfach nicht mehr gemacht. Als ich das gemerkt habe, hab ich nicht lange gefackelt. Ich hab das Kochen eingestellt. Ohne Ankündigung. Es gab einfach nix. Den Kindern hab ich Sachen hingestellt, damit sie sich Brote machen, und ich selbst hab ein bisschen Rohkost geknabbert. Dirk hat gestaunt, als er nach Hause kam, aber er hat sich zuerst nicht getraut, was zu sagen. Drei Tage lang. Er weiß nicht, wie er mit der neuen Maja umgehen soll. Ist ganz hilfreich, diese leichte Unsicherheit.« Sie lacht vergnügt. »Und dann? Nach drei Tagen?«, will Simone wissen. »Na, das war dann gestern Abend. Da kam er ganz vorsichtig ins Wohnzimmer und hat gesagt: ›Wahrscheinlich habe ich dich verärgert und es gibt Gründe, dass du gerade nicht kochst. Morgen bin ich ja ohnehin dran, an meinem Homeoffice-Tag, aber wir sollten vielleicht trotzdem reden. Hat dich etwas gestört, das ich gemacht habe?‹ Ich fand es gut, dass er von sich aus kam und eher defensiv war. Trotzdem hab ich erst mal nur geantwortet: ›Nein, im Gegenteil. Mich hat gestört, was du *nicht* gemacht hast.‹ Und als er mich fragend anguckte, hab ich aufgezählt, was er alles hat schleifen lassen. Die Schulbrote der Kinder. Die Hausaufgaben- und Ranzenkontrolle. Die Geburtstagspost für unsere Freunde in den USA. Das wöchentliche Badputzen. Ich hab ihm gesagt, wie ich sein Verhalten wahrnehme. Er weiß, dass bestimmte Dinge getan werden müssen – und verlässt sich drauf, dass ich sie schon machen werde. Aber so läuft das nicht mehr. Natürlich müssen bestimmte Dinge sein, die nervig und lästig sind. Aber ich muss mich dafür nicht mehr zuständig fühlen. Nicht ich allein.«

Simone schüttelt eine Weile nur noch den Kopf und lacht dann plötzlich laut auf. »Ich muss gerade daran denken, was ich in den letzten Tagen gelernt habe. Ich habe ein Interview mit einer Philosophin gelesen, Rebekka Reinhard heißt sie. Es ging um die Art, in der Frauen oft miteinander umgehen – und wie viel Kraft sie das kostet, die sie besser für die Gleichberechtigung einsetzen sollten. Ihr werdet das Wort ›Zickenkrieg‹ nie von mir hören, aber ihr wisst, was ich meine. Jedenfalls meint Frau Reinhard, dass Frauen lernen müssten, wirklich solidarisch zu sein; also, die verschiedenen Lebensentwürfe zu akzeptieren, für die Frauen sich entscheiden. Deshalb bin ich heute mit einem Rucksack voll Toleranz hierhergekommen, vor allem für dich, Maja – und jetzt brauch ich den gar nicht. Du sprichst ja genau meinen Text.« Als wir fertiggelacht haben, setzt Maja gleich noch einen drauf. »Wir kriegen demnächst Handwerker. In der Küche muss was gemacht werden.« Ich stutze: »Schon wieder? Aber die ist doch ziemlich neu, oder?« – »Ja, gerade mal zwei Jahre. Damals hat Dirk mich damit überrascht. Als ich mit den Kindern von der Ostsee zurückkam, war sie eingebaut. Er hat damals meinen Geschmack und meine Bedürfnisse gut getroffen. Zu gut, wie sich jetzt zeigt.« Sie grinst voller Vorfreude auf die Pointe ihrer Story. »Dirk hat damals alles perfekt für mich maßanfertigen lassen. Die Arbeitsflächen sind genau auf meine eins fünfundsechzig ausgerichtet. Aber Dirk ist eins siebenundachtzig. Jetzt, wo er auch regelmäßig was in der Küche macht, leidet er. Wenn er aus der Küche kommt, hat er immer Rücken. Also kriegen wir jetzt eine höhenverstellbare Arbeitsplatte. Voll der Luxus, oder?« Simone und ich kichern bei der Vorstellung des ächzend nach unten gebeugten Dirk. Er muss sich fühlen wie große Väter und Mütter beim Elternabend auf den Stühlchen in der ersten Klasse. Maja sinniert belustigt weiter: »Ich hab mir gestern vorgestellt, wie wir drei damals wohl über diese neue Küche diskutiert hätten. Ich hätte wahrscheinlich gesagt, dass es frauenfreundlich ist, wenn Küchen zur Größe der Frau passen, und Simone hätte das Gegenteil behauptet. Total frauenfeindlich, die Küche als alleinigen Arbeitsort der Frau festzuschreiben. Stimmt's?« Simone grübelt einen Moment und nickt dann. »Ja, hätte ich wohl so gesehen. Ohne den Toleranzrucksack. Und wir hätten fruchtlos diskutiert, bis es Anne gereicht hätte. Was hättest du dann noch mal gesagt, Anne?« Ich muss nicht lange überlegen: »Dass ihr nicht immer so kategorisch sein sollt und dass es nicht immer die eine Wahrheit gibt.« Wir prusten alle drei vor Lachen über uns selbst. Dann schaue ich Maja an: »Das sieht wirklich so klasse aus mit den kurzen Haaren. Dein schönes Gesicht kommt viel besser zur Geltung als vorher.« Maja zieht einen Schmollmund: »Ach so. Vorher fandst du mich also hässlich, ja?« Erneuter Lachsturm. Manche Tischnachbarn schauen schon etwa pikiert. Ist uns aber egal. Maja sagt: »Im Ernst: Danke für das Kompliment. Ich finde mein Gesicht auch richtig schön. Ich habe mich endlich befreit von diesem negativen Blick auf mich selbst. Früher dachte ich immer, Frauen müssen so sein – immer mit der Fehlersuche beschäftigt, wenn es um ihr Äußeres geht. Kennt Ihr auch so viele Frauen, die das machen? Dieses negative Kreisen um sich selbst? Bildschöne Frauen, die über ihre angeblich zu große Nase jammern oder über die Form ihrer Zehen oder ihre knochigen Schultern. Ich kenne eine, die hasst tatsächlich ihre Knie. Die würden immer Falten werfen, als würden sie lächeln. Manche suchen echt mit der Lupe, bis sie was gefunden haben, womit sie sich selbst fertigmachen können.« Simone holt Luft, aber die neue Maja ist schneller: »Ja, ich weiß, das macht alles die männlich dominierte Schönheitsindustrie. Aber frau muss es ja nicht mitmachen.« Es ist das erste Mal, dass ich Maja »frau« sagen höre statt »man«. Simone lacht. »Okee, okee. Erwischt. Du bist wirklich – erstaunlich. Wenn du deine Veränderung seit dem Burnout beschreiben müsstest: Wie würdest du es tun?« Maja überlegt einen Augenblick und sagt dann: »Ich liebe meinen Mann. Ich liebe meine Kinder. Das ist alles unverändert. Was sich geändert hat: Ich liebe jetzt auch mich selbst.«

Danach herrscht erst mal kurz andächtige Stille am Tisch. Ich muss sogar ein Tränchen verdrücken. Ein Freudenträchen. Bis Maja munter frotzelt: »Und bei euch so? Alles unverändert?«

Ich lasse Simone den Vortritt. Mit einer so glasklaren Zusammenfassung meiner aktuellen Lebensphase wie Maja kann ich sowieso nicht dienen, aber vielleicht fällt mir noch was halbwegs Brauchbares ein. Simone sucht noch nach Worten. Ganz untypisch für sie. Stockend beginnt sie: »Ich ... äh ... entwickle gerade ... Muttergefühle, glaub' ich. Ich! Und dann noch für einen Jungen!« Maja und ich sind geflasht. Wir wussten ja von ihrem Flirt mit Teresa, die ein Baby hat, aber wir waren uns völlig sicher, dass dieses Baby verhindern würde, dass da mehr draus wird als eine kleine, kurze Liebelei. Und dass Simone, die wandelnde Unabhängigkeitserklärung, dann weiterzieht. Ich frage: »Teresa und du ...? Ist da was Ernstes draus geworden?« Simone nickt und wird ganz rot. Passt eigentlich nicht zu ihr, steht ihr aber gut. So süß ist sie in ihrer Verlegenheit. »Wie heißt Teresas Söhnchen eigentlich?«, fragt Maja. Die Art, wie Simone »Leo« sagt, oder besser flüstert, lässt uns dahinschmelzen. Ganz offensichtlich ist sie verknallt in den Kleinen. Aber Simone wäre nicht Simone, wenn sie der emotionalen Situation nicht gleich einen Witz an die Seite stellen würde. »Teresa hat meinen Humor. Herrlich! Als ich neulich das erste Mal bei ihr übernachtet habe, hat sie mich darauf vorbereitet, dass sie Leo nachts zu uns ins Bett holen wird, sobald er muckert. Um ihn zu stillen und dann dazubehalten zum Ankuscheln. Und wisst ihr, wie sie mir das verklickert hat? Mit einer alten DVD: *Der Feind in meinem Bett*«. Maja guckt ratlos, aber ich kenne den Film und muss sehr lachen. Es geht in diesem 90er-Jahre-Drama keineswegs um Babys, sondern um die Flucht einer misshandelten Frau vor ihrem gewalttätigen Mann. Dass Simone trotzdem lachen kann über Teresas Gag, gefällt mir gut. Und dann kommt der Hammer. Simone erzählt weiter: »Leo soll demnächst getauft werden. Und wisst ihr, was Teresa vorgeschlagen hat? Dass ich eine der Patinnen benennen darf. Ist das nicht rührend? Ich war total von den Socken über diese Geste!« – »Uiuiui, da meint es aber jemand ernst«, kommentiere ich. »Jemand? Wir sind mindestens zu zweit«, lacht Simone. Und dann schaut sie mich an: »Wegen der Patenschaft hab ich an dich gedacht, Anne. Kannst du dir das vorstellen? Du musst nicht gleich antworten.« So plötzlich sind mir die Tränen selten in die Augen geschossen. Ich kann nichts dagegen tun. Mehr als der Verbrauch eines ganzen Päckchens Taschentücher ist erst mal nicht drin. Als ich Simone um den Hals gefallen und »Ja! Ja! Ja!« geflüstert habe und nachdem ich mich ein bisschen gefangen habe, bringe ich die ersten Worte trotzdem nur zusammen mit einer Mischung aus Lachen und Schniefen hervor: »Weißt du was, Simone? Ich hab die ganze Zeit gegrübelt, wie ich anfangen soll, von mir zu erzählen. Und dann lieferst du mir mit deiner Frage den perfekten Einstieg. Danke dafür!« Ich genieße kurz die gespannten Gesichter und rücke dann raus mit der Nachricht: »Jens und ich haben uns getrennt.« In die erschrockenen Gesichter hinein schiebe ich schnell nach: »Aber nicht voneinander, wo denkt ihr hin? Nein, wir haben uns von der Idee verabschiedet, eigene Kinder zu haben. Es passt einfach nicht zu unserem Leben. Uns beiden ist unsere Arbeit zu wichtig, um auszusteigen. Und leider vertragen sich die Karrieremechanismen der Arbeitswelt nicht mit Teilzeit. Noch nicht. Darüber sind wir uns schmerzlich klar geworden.« Maja schluckt. »Irgendwie schon sehr traurig.« Simone nickt und fügt hinzu: »Aber in der Klarheit auch gut. Besser als ein ewiges Hin und Her.« Maja lacht plötzlich auf: »Kann das wahr sein? Simone wird mit einem Kind leben – und Anne ohne? Wenn uns das jemand als Wette angeboten hätte vor einem Jahr ...« Ich schaue Maja an: »Ich muss dich korrigieren: Jens und ich wollen nicht ohne Kinder leben. Wir wollen nur keine eigenen haben. Deshalb war ich ja eben so fertig vor Glück, als Simone wegen der Patenschaft fragte. Genau so was hab ich mir gewünscht. Und Toni und Lennart gehören zu unserem Leben. Und die Kinder meiner Brüder. Und Jens' Nichten und Neffen. Es gibt ja zum Glück viele Kinder in unserem Leben, die wir mögen.«

Simone fragt: »Wie fühlt sich diese Entscheidung denn an für euch? Und ist sie endgültig?« Ich antworte: »Ich würde sagen: vorläufig-endgültig. Und wir haben natürlich schon manche Träne geweint um die Kinder, die wir nicht bekommen werden. Aber wir haben das entschieden und sind uns einig: Wir könnten Kindern nicht das geben, was sie unserer Meinung nach brauchen.«

»Und eure Eltern? Was sagen die?« – »Die wissen noch gar nicht, dass wir uns dagegen entschieden haben. Das steht mir noch bevor. Wir enttäuschen ihre Hoffnungen und Erwartungen auf Enkelchen. Außerdem kann ich mich noch nicht befreien von der Vorstellung, ich als Frau müsse Kinder bekommen.«

Simone wiegt den Kopf. »Ja, was Frauen alles müssen. Oder angeblich müssen. Daran arbeiten wir uns jetzt seit zwei Jahren ab, oder? Seit wir so gute Freundinnen sind, dass kein Frühstück mehr vor uns sicher ist. Gut, dass du uns damals zusammengebracht hast, Anne.« Ich kannte Simone aus einem Englischkurs und Maja über eine Nachbarin. Und war damals sehr im Zweifel, ob die beiden zueinanderpassen. Aber ich mochte sie beide sehr, das reichte mir als Argument. Maja nickt und meint:

»Teilweise sind wir ja auch erfolgreich beim Rumgrübeln, oder? Auch wenn wir uns an manchem Muss weiter die Zähne ausbeißen: Ich finde, wir sind richtige Mussknackerinnen geworden.« Großes Gelächter über dieses Wortspiel. »Könnte ein Filmtitel sein: *Die Mussknackerinnen*«, sinniert Simone. »Oder ein Bandname«, überlege ich und füge dann an: »Aber ich muss trotzdem …« Simone fällt mir in Wort: »Stopp! Das üben wir jetzt mal konsequent! Du musst gar nichts!« – »Ähm, aber …« – »Nichts da! Befrei dich von den Zwängen! Du musst nichts!« Darauf ich mit einem breiten Grinsen: »Doch. Ich muss mal aufs Klo. Dringend.«

STATT EINES NACHWORTS

Hier ein paar Postkartensprüche. Für den Kühlschrank, als post-it am Spiegel, über den Schreibtisch, als Status …

- Bin in meiner Höhle. Anfragen bitte nächste Woche wieder.
- Was will ich eigentlich, wenn niemand was von mir will?
- Ich lass mich jetzt mal ganz gepflegt in Ruhe.
- Keine dummen Gefühle mehr!
- Ich muss nicht bequem sein. Nur meine Schuhe.
- Ab jetzt nach meinen Regeln!
- Ich nehm jetzt mal den leichten Weg.
- Und du? Erfüllst du noch Erwartungen oder lebst du schon?
- Ich fühl mich nicht mehr verantwortlich für Dinge, die andere verbummelt oder verbockt haben. Auch wenn es meine Liebsten sind.
- Was heißt hier egoistisch? Wenn es mir gut geht, profitieren auch die anderen.
- ich muss niemandem gefallen – nur mir selbst.
- Besser großartig als artig.
- Ich mach es gerne allen recht – solange sie wollen, was ich will.
- »Du musst, du musst …« – da pfeif ich drauf!
- Bravsein ist leider aus. Heute gibt's ICH!
- Pippi statt Annika: Ich mach mir die Welt jetzt, wie sie mir gefällt.
- Mein Igelglück: Kugelrund, notfalls stachlig und laaaange schlafen.
- Mein neues Hobby: MUSSKNACKERIN!

MEHR ENERGIE,
MEHR WOHLBEFINDEN!

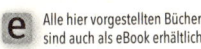 

LIEBE LESERINNEN UND LESER,

wir wollen Ihnen mit diesem Buch Informationen und Anregungen geben, um Ihnen das Leben zu erleichtern oder Sie zu inspirieren, Neues auszuprobieren. Wir achten bei der Erstellung unserer Bücher auf Aktualität und stellen höchste Ansprüche an Inhalt und Gestaltung. Alle Anleitungen und Rezepte werden von unseren Autoren, jeweils Experten auf ihren Gebieten, gewissenhaft erstellt und von unseren Redakteur*innen mit größter Sorgfalt ausgewählt und geprüft.

Haben wir Ihre Erwartungen erfüllt? Sind Sie mit diesem Buch und seinen Inhalten zufrieden? Wir freuen uns auf Ihre Rückmeldung. Und wir freuen uns, wenn Sie diesen Titel weiterempfehlen, in Ihrem Freundeskreis oder bei Ihrem Online-Kauf.

Sollten wir Ihre Erwartungen so gar nicht erfüllt haben, tauschen wir Ihnen Ihr Buch jederzeit gegen ein gleichwertiges zum gleichen oder ähnlichen Thema um.

KONTAKT ZUM LESERSERVICE

GRÄFE UND UNZER VERLAG
Grillparzerstraße 12
81675 München
www.gu.de

IMPRESSUM

© 2024 GRÄFE UND UNZER VERLAG GmbH, Postfach 860366, 81630 München

GU ist eine eingetragene Marke der GRÄFE UND UNZER VERLAG GmbH, www.gu.de

ISBN 978-3-8338-9172-4
1. Auflage 2024

Projektleitung: Anja Schmidt
Lektorat: Anne Nordmann
Bildredaktion: Nele Schneidewind
Umschlaggestaltung: ki36 Editorial Design, München, Daniela Hofner
Herstellung: Markus Plötz
Satz: Uhl + Massopust, Aalen
Reproduktion: LUDWIG:media, Zell am See
Druck und Bindung: Livonia, Riga

Umwelthinweis

Nachhaltigkeit ist uns sehr wichtig. Der Rohstoff Papier ist in der Buchproduktion hierfür von entscheidender Bedeutung. Daher ist dieses Buch auf PEFC-zertifiziertem Papier gedruckt. PEFC garantiert, dass ökologische, soziale und ökonomische Aspekte in der Verarbeitungskette unabhängig überwacht werden und lückenlos nachvollziehbar sind.

Bildnachweis

Cover: Adobestock
Innenteil: Shutterstock

Syndication:
www.seasons.agency

GRÄFE UND UNZER
Ein Unternehmen der
GANSKE VERLAGSGRUPPE